Fiducia in se Stessi

Patricia Sommer

Contenuto

Introduzione	1
Che cos'è la fiducia in se stessi?	**3**
Definizione e differenziazione dalla fiducia in se stessi	3
Autostima e amore per se stessi	4
L'immagine di sé e il feedback costruiscono la fiducia in se stessi	5
Segni di forte fiducia in se stessi	6
Test di fiducia in se stessi	7
Aumentare la fiducia in se stessi: 12 consigli ed esercizi	8
Sviluppare la fiducia in se stessi - imparare l'amore per se stessi	**14**
La consapevolezza di sé è la prima strada verso l'amore per se stessi	14
Cosa significa amare se stessi?	15
Cause della mancanza di amore per se stessi	16
Test ed esercizi di auto-amore	17
Imparare ad amarsi da altre culture	22
Cause della mancanza di fiducia in se stessi	**23**
Sviluppo delle paure	23
Paure primordiali	23
Paure astratte	23
Come posso vincere la paura della paura?	24
È possibile una vita completamente priva di paure?	30
Autoanalisi e sviluppo della personalità	**32**
Esercitare la forza mentale e diventare emotivamente stabili	33
Immagine di sé e immagine esterna	37
Imparare ad assumersi le proprie responsabilità	38
L'ottimismo realistico è un ottimismo sano	42
Il concetto di felicità: da dove viene e da cosa dipende la felicità?	**43**
Che cosa significa in realtà il termine "felicità"?	43

Influenza degli altri sulla vostra felicità 43

Essere felici: cinque fasi da conoscere 45

Sciogliere le convinzioni: Una guida in sei fasi   **52**

Cosa sono le credenze? 52

Forme di credenze 52

Come le convinzioni negative possono bloccare la vostra vita 54

Addio convinzioni negative: Una guida passo passo 54

Il critico interiore: come metterlo a tacere 58

Uscire dal ruolo di vittima: sette consigli per liberarsi dal ruolo di vittima   **60**

Cosa si intende con il termine "vittimismo"? 60

Sette comportamenti tipici che vi tengono intrappolati nel ruolo di vittima 61

Motivi per cui le persone vogliono assumere il ruolo di vittima 64

Sette passi per liberarsi dal vittimismo 66

30 esercizi per una forte fiducia in se stessi   **69**

Iniziate la giornata motivati con questi esercizi 70

Superare la giornata con questi esercizi 72

Andare a letto con pensieri positivi grazie a questi esercizi 73

Tutti gli inizi sono difficili: questi esercizi vi aiuteranno a iniziare. 76

Continuiamo con esercizi un po' più difficili 77

Infine, alcuni esercizi per i professionisti 80

Attività da svolgere per avere più fiducia in se stessi e successo   **83**

Conclusione   **92**

Fonti   **94**

Introduzione

Persone sicure di sé attraversano la vita con successo. Tutto sembra essere più facile per loro e non si tormentano con preoccupazioni superflue. Vi sentite bene con loro e loro sembrano essere molto più soddisfatti di voi. I successi professionali gli cadono addosso e raccolgono elogi e riconoscimenti da superiori e colleghi. Anche nella vita privata tutto funziona come un orologio, sono popolari e chiedono volentieri consigli perché sembrano sempre sapere cosa fare. Tuttavia, si astengono dal vantarsi e non si mettono inutilmente in mostra per rafforzare l'impressione di essere particolarmente invidiabili. È il loro carisma a costituire il loro fascino.

Purtroppo, molte persone non sono naturalmente sicure di sé, ma devono ancora acquisire questa qualità. Le ragioni della mancanza di fiducia in se stessi possono essere molteplici e spesso consistono in una serie di fattori. Non è raro che le fondamenta vengano gettate durante l'infanzia, ma non è detto che sia così. Le conseguenze di una mancanza di fiducia in se stessi, invece, sono di solito simili. Le persone colpite hanno spesso paura di essere rifiutate o di fallire, ed è proprio questa paura che impedisce loro di condurre una vita autodeterminata. Hanno difficoltà a esprimere i propri sentimenti e bisogni, il che rende la loro vita sociale più difficile. È difficile per loro iniziare qualcosa di nuovo, perché sorgono subito dubbi e preoccupazioni. Molti sogni rimangono irrealizzati a causa della marcata insicurezza, perché manca il coraggio di fare il primo passo e prevale la paura di possibili battute d'arresto. Ma non preoccupatevi, è sicuramente possibile scoprire le origini della propria insicurezza e rafforzare la fiducia in se stessi attraverso vari metodi! Avete già fatto il primo passo. Avete capito che volete rafforzare la vostra autostima e siete pronti ad affrontare il problema. La consapevolezza è sempre il primo passo verso il miglioramento e da questo momento in poi si può solo andare avanti.

Questo libro affronta in dettaglio il tema del "rafforzamento della fiducia in se stessi". Spiega che cos'è in realtà la fiducia in se stessi e mette in evidenza i malintesi e gli errori più comuni riguardo a questo termine. Inoltre, imparerete come si sviluppa la fiducia in se stessi e perché non è abbastanza forte. Questo vi dà una buona base per passare alla parte più importante del libro: I vari metodi che aiutano a costruire la fiducia in se stessi e a rafforzarla a lungo termine. Poiché sia l'origine che il modo in cui si manifesta la bassa autostima possono variare da persona a persona, è importante elaborare diversi metodi e poi scegliere quello più adatto. Tuttavia, non può far male affrontare ogni argomento una volta, perché spesso i fattori inconsci giocano un ruolo e questo può aiutarvi a conoscervi ancora meglio.

Non lasciatevi confondere dal fatto che in questo libro troverete alcuni consigli più di una volta. Questo perché vengono presentati diversi concetti chiusi e ci sono cose che in genere giocano un ruolo importante nella costruzione della fiducia in se stessi.

2   INTRODUZIONE

Che cos'è la fiducia in se stessi?

DEFINIZIONE E DIFFERENZIAZIONE DALLA FIDUCIA IN SE STESSI

Sicuramente avete un'idea di cosa significhi fiducia in se stessi. Siete consapevoli dei vostri punti di forza e dei vostri talenti e apprezzate il vostro valore. Affrontate nuove situazioni e persone con ottimismo e le sfide, sia professionali che private, vengono affrontate volentieri. Ciò che generalmente intendiamo con il termine "fiducia in se stessi" è una qualità che si compone di molti aspetti diversi. A seconda del carattere di una persona, le singole sfaccettature possono essere pronunciate in misura diversa.

Un aspetto dell'autostima è la fiducia in se stessi. Fiducia in se stessi significa avere fiducia nelle proprie capacità. Poiché le persone sicure di sé sono consapevoli dei propri limiti personali, possono confidare di riuscire a superare le sfide entro tali limiti. Per questo motivo, le persone con un forte senso di autostima hanno anche un alto livello di fiducia in se stesse quando affrontano qualcosa, perché sanno di poterlo fare e sono libere da dubbi ostruttivi.

Inoltre, le persone sicure di sé sono spesso caratterizzate da un alto livello di responsabilità personale. Hanno la vita professionale e privata sotto controllo e sanno gestire bene le situazioni difficili. Hanno la necessaria fiducia in se stessi per osare progetti più grandi e provare qualcosa di nuovo.

Se una persona sicura di sé fallisce in un'impresa, ha la capacità di vedere il proprio fallimento come un'opportunità per imparare qualcosa dall'esperienza. Alla base di questa capacità c'è una certa accettazione di sé, con il presupposto che si ha valore indipendentemente da ciò che si può o non si può ottenere. Invece di disperarsi e sprofondare nel dubbio, si può conoscere un ulteriore limite di se stessi e quindi avere anche una maggiore sicurezza grazie alle nuove esperienze acquisite.

AUTOSTIMA E AMORE PER SE STESSI

L'aspetto dell'amore e dell'autostima gioca un ruolo decisivo per una sana fiducia in se stessi. Il termine "sana" fiducia in se stessi è stato scelto deliberatamente perché esiste anche una fiducia malsana in se stessi. Questo è caratterizzato da una mancanza dell'importantissimo amore per se stessi e forse anche da un'esagerata autostima. Se una persona si considera sempre molto più importante e migliore di quanto non sia in realtà, questo può portare a problemi anche nella sfera sociale e professionale. Le conseguenze di questa sopravvalutazione di sé sono, ad esempio, l'impossibilità di svolgere compiti presumibilmente facili sul lavoro o il comportamento arrogante che spaventa amici e familiari. È importante che sappiate che una persona che ha un'autostima così esagerata all'esterno si sente molto diversa all'interno. Non sempre ne sono consapevoli, ma il vero amore per se stessi si manifesta in modo diverso. Se siete in pace con voi stessi e vi accettate e vi piacete davvero così come siete, allora non avete bisogno di difendere il vostro valore al mondo esterno in modo così estremo. Se qualcuno è così ansioso di rendere evidente agli altri la propria autostima, lo fa perché in realtà non è soddisfatto di sé e ha bisogno di conferme esterne. Potrete evitare questo errore, perché in questo libro imparerete, tra le altre cose, come sviluppare il vero amore per se stessi.

L'IMMAGINE DI SÉ E IL FEEDBACK COSTRUISCONO LA FIDUCIA IN SE STESSI

Ora che avete una panoramica approssimativa di cosa sia la fiducia in se stessi, probabilmente vi starete chiedendo come nasce. Ciò che definisce la fiducia in se stessi è l'immagine che si ha di sé e il feedback che si riceve dall'ambiente.

La definizione della propria autostima in base a questi due fattori dipende dalla propria personalità. Tuttavia, è necessario assicurarsi che l'influenza di entrambi i fattori sia equilibrata, altrimenti può avere un effetto negativo sull'autostima. Se, ad esempio, definite la vostra autostima in base al feedback che ricevete dagli altri, fate sì che il valore che vi attribuite dipenda dal vostro ambiente sociale. Questo rapporto di dipendenza può essere molto dannoso e portare a cercare sempre di compiacere gli altri per paura di perdere valore in caso contrario. Inoltre, si dà molto potere su se stessi agli estranei, perché un commento sprezzante na un grande effetto sul modo in cui si misura il proprio valore. Se si ricevono molti feedback positivi, si può costruire un senso di autostima gonfiato, che però si regge su un terreno traballante e può essere facilmente abbattuto.

Ma anche il totale disinteresse per le opinioni altrui può avere effetti negativi. Se vi concentrate solo su voi stessi e non prestate mai attenzione agli altri, correte il rischio di adottare tratti narcisistici invece di una sana fiducia in voi stessi, il che vi danneggerà a lungo termine.

SEGNI DI FORTE FIDUCIA IN SE STESSI

Come si manifesta una sana fiducia in se stessi nella vita reale? I segni di una sana fiducia in se stessi si notano sempre quando si interagisce con una persona sicura di sé. Anche l'aura generale è sicura di sé. Tale aura deriva dall'avere una postura eretta e rivolta apertamente verso l'interlocutore, in quanto non si è frenati dall'insicurezza e non ci si mette in posizione accovacciata, come accade alle persone insicure. Mantenere il contatto visivo è anche un segno di fiducia in se stessi. L'impressione di calma si crea anche perché si omettono i gesti tipici del nervosismo e quindi, ad esempio, si tengono le mani ferme e si sta tranquilli sul posto.

Una persona sicura di sé non ha problemi ad aprire una conversazione e a stabilire nuovi contatti. Di solito ha un effetto simpatico e amichevole sugli altri. Un'altra qualità piacevole di queste persone è la capacità di ammettere apertamente i propri errori e di volersi assumere la responsabilità di eventuali conseguenze. Tuttavia, una persona sicura di sé non si limita a prendersi tutte le colpe per evitare il conflitto, ma esprime anche critiche agli altri quando lo ritiene opportuno. Sarà lieta di spiegare e difendere la propria opinione in modo più dettagliato.

Le persone sicure di sé ottengono una maggiore sicurezza nell'interazione con gli altri esprimendo sempre apertamente i propri bisogni. Se si sentono offesi da un comportamento, lo esprimono direttamente e possono così assicurarsi che questo comportamento sarà evitato dall'altra persona in futuro.

In ambito professionale, noterete che la fiducia in se stessi ha un effetto molto positivo sulla carriera, perché la fiducia nelle proprie capacità porta a raggiungere più facilmente gli obiettivi che ci si è prefissati e a emanare un livello di competenza più elevato.

TEST DI FIDUCIA IN SE STESSI

Ora che sapete come si definisce la parola fiducia in se stessi, vi chiederete se possedete o meno questa qualità. È possibile verificarlo ponendosi le seguenti domande. Tuttavia, il fatto stesso che siate insicuri o sicuri di voi stessi è un'indicazione che forse non lo siete. Se rispondete "sì" ad alcune delle seguenti domande, significa che potete ancora lavorare su una maggiore fiducia in voi stessi.

- Ho difficoltà a mantenere il contatto visivo nelle conversazioni?
- Ho difficoltà a provare qualcosa di nuovo perché ho paura di fallire?
- Affronto raramente le cose che mi danno fastidio?
- Le situazioni che non conosco ancora mi spaventano?
- Misuro il mio successo in base a ciò che fanno gli altri?
- Mi capita spesso di rimuginare su qualcosa per così tanto tempo da finire per convincermi di non poterlo fare?
- Mi astengo dal fare qualcosa perché potrei essere criticato e ho paura di questa critica?
- Mi interessa molto quello che gli altri pensano di me?
- Metto spesso in secondo piano i miei bisogni per compiacere gli altri?
- Trovo difficile dire "no"?

- In genere evito le situazioni di conflitto, anche a mio svantaggio?
- Preferisco lasciare che siano gli altri ad andare per primi perché penso che possano farlo meglio?

L'errore più grande che si possa fare nella vita è avere sempre paura di sbagliare.

(Dietrich Bonhoeffer)

RAFFORZARE LA FIDUCIA IN SE STESSI: 12 CONSIGLI ED ESERCIZI

Avete esaminato le domande e avete notato che avete risposto "sì" ad alcune di esse? Non c'è motivo di disperarsi, perché significa solo che la vostra autostima ha bisogno di una piccola spinta. I consigli e gli esercizi che seguono possono aiutarvi a cambiare atteggiamento e a fare il primo passo verso una maggiore fiducia in voi stessi.

1) **Mettere in discussione le proprie paure**. Le persone la cui fiducia in se stesse è molto debole spesso soffrono di molte paure, spesso irrazionali. Le situazioni sociali, in particolare, sembrano minacciose per loro o almeno offrono troppe opportunità di trovarsi in una situazione spiacevole. Temono in particolare di mettersi in imbarazzo di fronte ad altre persone, motivo per cui le situazioni in cui la persona interessata deve parlare di fronte a un pubblico o a sconosciuti sembrano particolarmente minacciose. Non importa se lo scenario temuto è già stato vissuto in passato o se è probabile che si verifichi. La sola idea è spesso sufficiente a rendere la vita difficile a chi non ha fiducia in se stesso. Se vi riconoscete in questa descrizione, dovreste pensare a che cosa temete esattamente? Il caso peggiore è davvero così

grave? Vale la pena rinunciare ad altre cose per questo? Se ve la sentite, potete anche fare una sorta di terapia d'urto ed esporvi consapevolmente alle situazioni temute. Volontari per una conferenza. Parlare con gli sconosciuti. Vedrete che non è così grave come il vostro subconscio vorrebbe farvi credere. Se avete problemi particolarmente grandi con le paure che vi rallentano, potete trovare ulteriori suggerimenti nel Capitolo 3.

2) **Accettare le proprie debolezze**. La mancanza di fiducia in se stessi spesso ci porta a essere troppo critici con noi stessi. Ricorda ancora alcuni dei piccoli errori che ha commesso un tempo? Vi infastidisce ancora il fatto di non aver agito diversamente in una certa situazione? Allora ponetevi questa domanda: Trattereste anche voi altre persone in modo così duro o riuscireste a perdonarle per i loro errori a un certo punto? Allora dovreste anche essere in grado di perdonare voi stessi. Avere delle debolezze non è una cosa negativa, perché non esiste nessuno che non abbia delle debolezze. Non aiuta concentrarsi sempre su ciò che non si può fare. Ricordate invece ciò che siete bravi a fare.

3) **Siate buoni con voi stessi**. Quando non siamo soddisfatti di noi stessi, è difficile che facciamo qualcosa di buono per noi stessi, perché inconsciamente siamo convinti di non meritarlo. Inviate a voi stessi un segnale importante: meritate di essere felici facendo le cose che vi fanno bene. Concedetevi del tempo libero quando ne avete bisogno. Godetevi un pasto delizioso o indossate i vostri abiti preferiti. Siate felici quando vi capita qualcosa di bello e accettate i complimenti. Una bassa autostima spesso ci rende difficile accettare le cose positive e ci fa addirittura sentire in colpa quando ci accadono. Dovreste assolutamente liberarvene, perché meritate che vi accadano cose belle e dovete godervele.

4) **Non prendetevi troppo sul serio**. A volte ci arrabbiamo per gli errori che commettiamo. In una certa misura va bene così, ma la mancanza di autoconsapevolezza purtroppo spesso fa sì che la rabbia non si plachi. Invece, si accumula dentro di noi e a un certo punto raggiungiamo un punto in cui non siamo più arrabbiati per trasgressioni specifiche, ma siamo semplicemente arrabbiati con noi stessi in generale. A volte non sappiamo nemmeno perché abbiamo un problema così grande con noi stessi. Per evitare di trovarvi in questa situazione, dovreste imparare a ridere dei vostri errori in futuro. Dite a voi stessi che il mondo non finirà solo perché avete commesso un errore. Gli altri sembrano molto più simpatici se si ride dei propri errori piuttosto che arrabbiarsi.

5) **Concentratevi sui vostri punti di forza**. Troppo spesso perdiamo di vista le nostre qualità positive perché siamo così impegnati a trovare tutti i nostri difetti. Immaginate di avere una palla in mano e di volerla lanciare verso un determinato bersaglio. Che sarà più utile: Se si guarda oltre l'obiettivo in un punto dello sfondo o se si mette a fuoco l'obiettivo con gli occhi? Naturalmente, il bersaglio viene colpito meglio se si mira ad esso. Se ci si concentra solo sui propri errori, è un po' come mirare a un punto nella direzione opposta rispetto alla meta, ma sperando di raggiungerla alla fine. È inutile come sembra. Concentratevi invece su ciò che siete bravi a fare e sfruttate questi talenti per raggiungere i vostri obiettivi.

6) **Credete agli altri quando dicono cose positive su di voi**. Potreste avere il riflesso di minimizzare i complimenti che ricevete dagli altri dicendo qualcosa del tipo: "Oh, chiunque l'avrebbe fatto". Dite addio a tutto questo e lasciate che i complimenti ben intenzionati facciano la loro magia su di

voi, accettandoli con gratitudine. Se reagite sempre ai complimenti in modo difensivo, trasmetterete che non volete che vi si dica una cosa del genere e gli altri saranno meno propensi a dirvi cose carine o addirittura smetteranno di dirvele del tutto. Se siete molto insicuri, potreste pensare di non meritare complimenti. Ma questo è sbagliato e dovreste assolutamente liberarvi di questo pensiero. Tutti hanno qualità e talenti positivi e ci sarà sempre qualcuno in grado di riconoscerli. L'interlocutore sarà felice di sapere che il suo complimento ha suscitato in voi una reazione positiva e lo rifarà in futuro.

7) **Lavorare sulla postura**. La scarsa fiducia in se stessi non influisce solo sulla postura interiore, ma anche su quella esteriore. Si manifesta con gesti di nervosismo, come mangiarsi le unghie o scaccolarsi con i vestiti. Anche la vostra postura tende a essere accasciata e sulla difensiva. Quando irradiate così chiaramente la vostra insicurezza al mondo esterno, vi assicurate che chi vi circonda vi tratti di conseguenza. Questo può rendere ancora più difficile essere percepiti come sicuri di sé in futuro. Cercate di non rendervi più piccoli di quello che siete. Questo è da intendersi in senso letterale. State dritti, guardate negli occhi e cercate di evitare gesti nervosi. Le reazioni di chi vi circonda e il linguaggio del corpo possono aiutarvi a costruire la vostra sicurezza.

8) **Parlate a voce alta se qualcosa vi preoccupa**. Se fate notare le cose che vi danno fastidio, date agli altri la possibilità di fare qualcosa al riguardo. Questo ha a sua volta un effetto positivo sulla fiducia in se stessi, perché si nota che qualcuno si sforza di farvi sentire bene e di rispettare i vostri limiti. All'inizio sarà difficile essere così esigenti con gli altri, ma col tempo diventerà automatico e a un certo punto non ci penserete più.

9) **Non confrontatevi con gli altri.** Viviamo in una società che incoraggia la competizione tra persone che la pensano allo stesso modo in molti settori. Questo pensiero diventa presto così interiorizzato che ci confrontiamo costantemente con gli altri, per lo più con persone che riteniamo migliori di noi. Tuttavia, ognuno di noi ha condizioni e circostanze diverse. Il confronto generale con gli altri non è solo malsano, ma anche ingiusto. Per la vostra vita, nessun altro dovrebbe essere il metro di misura, se non voi stessi.

10) **Considerate le critiche come qualcosa di positivo.** Se qualcuno vi critica, non è detto che sia una cosa negativa. Soprattutto le persone ben disposte nei vostri confronti vi criticheranno solo se pensano che possiate fare meglio. L'affermazione vera e propria non è: "Penso che tu abbia sbagliato", ma: "Sono convinto che tu possa farlo meglio". Dietro le critiche c'è quindi un complimento ben intenzionato. Inoltre, la critica non si riferisce mai a voi come persona, ma sempre a una determinata azione o comportamento.

11) **Siate selettivi.** Non è necessario prendere tutto così com'è. Se la vostra cerchia di amici non va bene per voi, potete cercare nuove persone. Se il lavoro non fa per voi, è giusto cercare un altro lavoro. Se siete insicuri, la paura del cambiamento vi impedirà rapidamente di lasciarvi andare alla scelta. Ma se accettate il vostro valore e vi concedete il diritto di cambiare le cose che non vi piacciono, questo aggiungerà sicuramente valore alla vostra vita.

12) **Evitare le persone tossiche.** Non dovete lasciare che ogni persona che incontrate si avvicini troppo a voi. Si può capire se qualcuno è tossico in tempi relativamente brevi, se ci si

permette di percepirlo. La paura di esprimere i propri sentimenti o di temere la reazione dell'altro può portare a circondarsi di persone che ci danneggiano. Non permettete che ciò accada, ma se necessario tracciate una linea di demarcazione.

Sviluppare la fiducia in se stessi - imparare l'amore per se stessi

LA CONSAPEVOLEZZA DI SÉ È LA PRIMA STRADA VERSO L'AMORE PER SE STESSI

Così come la fiducia in se stessi è un aspetto della consapevolezza di sé, la consapevolezza di sé è un aspetto dell'amore di sé. Essere consapevoli dei propri punti di forza e dei propri talenti permette di sviluppare un'immagine positiva di sé. Sapere in che cosa si è bravi e in che cosa si ha successo dà sempre un motivo per essere soddisfatti e apprezzare le proprie risorse. Conoscere e accettare le proprie debolezze fa parte dell'amore per se stessi. Tutto questo vi appartiene. Niente di tutto ciò vi rende meno amabili, ma tutto ciò vi definisce e vi rende la persona che siete. Rafforzando la consapevolezza di sé, si compiono i primi importanti passi verso l'amore per se stessi, che è un obiettivo veramente valido per qualsiasi essere umano. Quando siete in pace con voi stessi, è più facile per voi dominare la vostra vita. Potete vedere i problemi come sfide per le quali dovete trovare una soluzione. Superare le battute d'arresto è più facile quando si riesce a volersi bene a prescindere da ciò che accade. Anche le relazioni sociali traggono sempre beneficio quando si è felici con se stessi, perché si è emotivamente più forti e ci si può aprire più facilmente agli altri. Allo stesso tempo, si è meno vulnerabili, sia alle esperienze negative che derivano dalle relazioni sociali, sia alle situazioni nella sfera professionale o in altri ambiti della vita.

COSA SIGNIFICA AMARE SE STESSI?

Il termine amore per se stessi si spiega da solo. Vi apprezzate con tutti i vostri vantaggi e le vostre capacità e siete felici di essere la persona che siete. Ma ciò che fa parte del vero amore è anche l'accettazione delle qualità negative e delle debolezze e la necessità di volere il meglio per la persona amata. L'amore per se stessi non è legato a specifici risultati o realizzazioni, ma è sempre presente, indipendentemente da ciò che si è o non si è realizzato. L'amore non ha condizioni, né l'amore per gli altri né l'amore per se stessi. Inoltre, l'amore per se stessi comporta una profonda comprensione delle proprie esigenze, paure e preoccupazioni. Accettate le diverse sfaccettature della vostra personalità e sentite il bisogno di lavorare per il vostro benessere. Ciò che non è amore per se stessi, invece, è narcisismo. All'esterno, questo amore per se stessi può sembrare tale, ma in realtà il narcisismo si basa su una forte insicurezza, che viene compensata da un'esagerata manifestazione esteriore di apparente amore per se stessi. Mentre un narcisista cerca spietatamente il proprio tornaconto perché ha fatto di se stesso il centro assoluto del mondo, una persona in pace con se stessa è capace di prendersi cura non solo di se stessa, ma anche dei suoi simili. L'egoismo non è una qualità considerata particolarmente desiderabile dalla società. Il narcisista tende anche a vantarsi senza ritegno dei suoi apparenti meriti. Il motivo è la radicata insicurezza su cui si è sviluppato il narcisismo. Desidera così tanto il riconoscimento e la convalida che perde rapidamente di vista il fatto che vantarsi può avere anche l'effetto opposto. La vanagloria non è necessariamente una qualità positiva. Se conoscete qualcuno che eccelle nel comportamento narcisistico, dovete sempre tenere presente che nel profondo questa persona è estremamente insicura.

CAUSE DELLA MANCANZA DI AMORE PER SE STESSI

Le origini della mancanza di amore per se stessi possono essere varie e naturalmente variano da persona a persona. Tuttavia, ci sono alcuni motivi particolarmente comuni per cui qualcuno ha difficoltà ad amare se stesso. Ad esempio, se provenite da una famiglia in cui avete ricevuto pochi incoraggiamenti o lodi, potreste arrivare a credere di non meritare di essere lodati. Un'immagine negativa di sé impedisce naturalmente di amarsi. La tendenza a cercare sempre dei difetti in se stessi rende difficile anche amarsi allo stesso tempo.

Infatti, anche una persona cresciuta con un atteggiamento positivo verso se stessa può in seguito perdere l'amore per se stessa. Questo può accadere, ad esempio, attraverso le interazioni con persone che giudicano negativamente l'amor proprio esistente e lo percepiscono come il narcisismo di cui sopra o come arroganza. Questo crea l'impressione che amare se stessi sia una cosa negativa e la capacità viene scartata per non incontrare il rifiuto sociale. Anche le battute d'arresto gravi o le ripetute battute d'arresto minori possono portare alla perdita dell'amor proprio. La persona colpita incolpa se stessa e soffre di paura di fallire. I fattori che influenzano in modo particolare l'amore per se stessi variano da persona a persona. Per alcuni, una battuta d'arresto professionale è particolarmente negativa e, ad esempio, un licenziamento li fa sprofondare in un profondo dubbio su se stessi. Altri possono affrontare abbastanza bene queste cose, ma soffrono particolarmente se una relazione sociale fallisce.

Vi state chiedendo se il vostro amore per voi stessi è reale o se avete bisogno di lavorarci su?

TEST ED ESERCIZI DI AUTO-AMORE

1) Provate a mettervi davanti allo specchio e a guardarvi negli occhi. Mantenendo il contatto visivo, dite qualcosa come: "Sono prezioso e buono così come sono". Ti è sembrato strano? Ha trovato difficile dirlo ad alta voce? Questo test forse vi metteva già a disagio quando avete stabilito un contatto visivo con il vostro riflesso? Allora potrete sicuramente aumentare il vostro amore per voi stessi.

2) Un altro modo per mettersi alla prova è osservarsi per un certo periodo di tempo. Ad esempio, decidete di analizzare voi stessi nelle prossime otto ore. È meglio tenere con sé un piccolo taccuino o un pezzo di carta e stilare un elenco. Ogni volta che vi giudicate negativamente, segnate un segno sulla vostra lista. Questo vale sia per le critiche che si dicono ad alta voce sia per quelle che si pensano soltanto. Il numero di bracciate che si fanno è indicativo di quanto ci si stia trattando bene o male. In questo libro imparerete a rafforzare la fiducia in voi stessi e ad accettarvi di più. Un modo per misurare il successo è quello di ripetere il test in un momento successivo.

Ora che sapete come controllare l'immagine che avete di voi stessi, ecco alcuni esercizi per migliorarla.

1) Per quanto riguarda la vostra mentalità, dovete essere chiari su una cosa: l'amore per se stessi non è egoistico, ma importante per il vostro benessere. Interiorizzate questo detto, perché altrimenti può succedere che manteniate un blocco interiore contro l'amore per voi stessi. Soprattutto nella nostra società, dove la modestia è molto apprezzata, c'è purtroppo sempre il pericolo che l'amor proprio venga con-

fuso con l'arroganza e per questo criticato. È socialmente accettato criticare se stessi, ma ciò non significa che si debba agire in questo modo. Al contrario, dovreste decidere di vedervi sotto una luce positiva.

2) Per poter celebrare regolarmente i successi e raggiungere obiettivi più importanti, è necessario considerare quanto segue: la strada per raggiungere la cima di un'alta montagna sembra impossibile dal basso. A ogni passo, l'obiettivo sembra più lontano e il dubbio e la frustrazione finiscono per costringervi a rinunciare. Tuttavia, se vi decidete a fare solo qualche passo verso l'obiettivo, ci riuscirete senza sforzo e potrete festeggiare un piccolo successo. Forti di questa esperienza, si può poi proseguire il cammino e dirigersi verso l'obiettivo successivo e vicino, fino a raggiungere la cima della montagna senza nemmeno rendersene conto. Cosa significa per voi questa metafora? Ponetevi obiettivi realistici e raggiungibili e permettetevi di festeggiare i vostri piccoli successi, perché attraverso il senso di realizzazione cresce l'amore per voi stessi. Non lasciatevi scoraggiare dalle piccole battute d'arresto sul vostro cammino, ma imparate da esse.

3) Dall'immagine della montagna che si vuole scalare, si può trarre un'altra visione: Stabilite obiettivi realistici e facilmente raggiungibili. Gli obiettivi più grandi si raggiungono meglio passando da un obiettivo all'altro. Se avete un solo grande obiettivo per il quale state lavorando, vi sarà molto difficile raggiungerlo. Vi sembrerà di non fare alcun progresso, per quanto vi sforziate, l'obiettivo vi sembrerà ancora irraggiungibile. Può anche succedere che si perda il coraggio e ci si arrenda. Per evitare che ciò accada, è importante fissare piccoli obiettivi intermedi che permettano di raggiungere sempre nuovi successi. Vi motivano e vi spingono ad andare avanti.

4) La prossima cosa che potete fare per migliorare il vostro amor proprio è essere grati. Siate grati non solo per le cose che avete, ma anche per quelle che fate e siete. Siate grati quando raggiungete un obiettivo. Forse conoscete la sensazione che a volte si prova quando si raggiunge un obiettivo e poi non si riesce a essere veramente felici. Può darsi che vi sia sembrato troppo facile e che non abbiate sentito di dovervi sforzare. O forse, grazie a circostanze favorevoli al di fuori del vostro controllo, siete riusciti a raggiungere il vostro obiettivo. Anche se così fosse, non è assolutamente un motivo per non provare lo stesso orgoglio per aver raggiunto il proprio obiettivo. Al contrario, ora avete un ottimo motivo per essere grati per le circostanze che si sono rivelate così positive per voi. Inoltre, siate sempre grati quando avete risolto un conflitto. Non soffermatevi sui sentimenti negativi che la situazione di stress vi ha causato. Siate grati quando avete preso una buona decisione. Ci sarebbero state infinite possibilità di fare la scelta sbagliata, ma voi siete riusciti a scegliere quella giusta. Infine, forse il punto più difficile: essere veramente grati di essere ciò che si è. Imparate ad apprezzare i vostri talenti e punti di forza e ad esserne orgogliosi. Anche le debolezze fanno parte della vostra personalità e senza di esse non sareste la persona che siete.

5) Pensate a una persona importante per voi. Sicuramente si vuole sempre il meglio per quella persona. Ora volete imparare a prendervi cura di voi stessi. Questo significa anche che dovete considerare le vostre esigenze e accettarle per voi stessi. Va benissimo avere una giornata storta o avere bisogno di una pausa. Consentite a voi stessi di farlo, proprio come fareste con una persona cara. Così facendo, inviate a voi stessi un segnale importante: meritate di fare delle pause e di fare qualcosa di buono per voi stessi.

6) Questo porta anche al prossimo punto importante: non arrabbiarsi con se stessi quando si commette un errore. Gli errori capitano e fanno parte della vita. Tutti hanno delle debolezze e questo va benissimo. Così come non si dovrebbero giudicare gli altri in base ai loro errori, non si dovrebbe fare lo stesso con se stessi. Al contrario, gli errori offrono un'opportunità di miglioramento che potete sfruttare. Impedite in ogni modo di serbare rancore verso voi stessi. Se siete arrabbiati con voi stessi, ricordatevi di perdonarvi dopo. Non sottovalutate le conseguenze del mancato rispetto di questa regola. La mente subconscia memorizza l'immagine negativa di sé e l'amore per se stessi viene involontariamente diminuito.

7) Lodatevi più spesso. Guardate sempre ai vostri successi passati e siate orgogliosi dei vostri risultati. Non perdete di vista il fatto che molte cose facili per voi sono impossibili per gli altri. Non svalutate i vostri successi solo perché avete avuto condizioni favorevoli o perché vi è stato particolarmente facile raggiungerli per altri motivi. Osate essere orgogliosi di voi stessi. Ci piace mettere in prospettiva i nostri successi e sminuire le nostre capacità. Ad esempio, se siete bravi a cucinare e qualcuno vi elogia, accettate le lodi con gratitudine. Forse avete commesso l'errore di dire qualcosa come: "Non ha un sapore così buono. In un ristorante mi riderebbero dietro per questo". Quello che state facendo è paragonarvi agli altri e quindi svalutare il vostro talento. Un altro modo per mettere le lodi in prospettiva sarebbe quello di dire qualcosa del tipo: "So cucinare così bene solo perché ho dovuto cucinare per me stesso in tenera età". Questo vi pone nel ruolo di vittima, un comportamento che verrà discusso in modo più approfondito nel capitolo 7. Si può già ri-

cordare che non è bene sminuire i propri risultati e non accettare i complimenti, ma trovare motivi per controbattere. Dovreste invece lodarvi regolarmente per i vostri risultati, anche se una parte di voi pensa inconsciamente che sia superfluo dirlo.

8) Date a voi stessi la massima priorità nella vostra vita. È facile vivere per gli altri e cercare di accontentare tutti, ma questo non rende felici. Il ringraziamento che si ottiene per tale sacrificio non vale nemmeno lontanamente la pena di rinunciare completamente a se stessi. Naturalmente, questo non significa che si debba essere poco rispettosi degli altri. Si tratta di chiedersi sempre se si è d'accordo con qualcosa che si sta facendo e se si è davvero convinti di un piano. Non dovete essere all'altezza delle aspettative degli altri. Se necessario, bisogna difendere le proprie convinzioni e opporsi alle opinioni altrui.

9) Credere nella vita reale. Soprattutto nei social media, ci vengono spesso presentate foto di vite apparentemente perfette. Si deve essere consapevoli che queste immagini non rappresentano la realtà della vita, ma solo un'istantanea delle caratteristiche personali di queste persone. Anche i personaggi pubblici hanno giornate storte, hanno dubbi su se stessi e a volte sono di cattivo umore. Non c'è motivo di avere aspettative irrealistiche sulla propria vita quando nessuno al mondo può davvero vivere una vita simile. Se notate che certi influssi medianici vi danneggiano più di quanto vi divertano, dovreste evitarli in futuro, perché in tal caso mancheranno sicuramente il loro scopo. Piuttosto, scegliete consapevolmente gli argomenti che vi danno sempre una buona sensazione e dedicatevi a questi temi.

10) Prendetevi del tempo per voi stessi. Mantenete sempre un tempo libero sufficiente per stare da soli. Durante questo periodo, fate solo qualcosa che vi porti entusiasmo e gioia. Non importa come gli altri giudichino ciò che vi piace, perché anche in questo caso dovreste sempre ricordare che vi è permesso di essere la vostra priorità assoluta.

IMPARARE AD AMARE SE STESSI DA ALTRE CULTURE

In questo Paese, purtroppo, è comune che molti usino le lodi con molta parsimonia e si concentrino invece sui possibili punti di partenza per il miglioramento. L'orgoglio e l'autocompiacimento sono considerati antipatici e inappropriati, il che ovviamente rende ancora più difficile il riconoscimento della propria autostima. Nel mondo moderno, collegato in rete, è fortunatamente possibile guardare ad altri Paesi e, se necessario, imparare qualcosa da altre culture. Negli Stati Uniti, ad esempio, è molto più comune parlare apertamente dei successi personali e lodare le proprie qualità. Ciò che in questo Paese verrebbe accolto come un vanto con uno scuotimento della testa, altrove potrebbe essere accolto con un cenno di apprezzamento. Tenetelo a mente se vi capita un'esperienza simile.

Cause della mancanza di fiducia in se stessi

SVILUPPO DELLE PAURE

Se si vuole risolvere un problema, bisogna innanzitutto discutere di quale sia il problema. Le paure possono avere cause diverse e manifestarsi in tutti i modi. Può sembrare ancora più sorprendente che tutte le paure possano comunque essere classificate nelle due seguenti categorie.

Paure primordiali

Le paure primarie sono istintivamente radicate in noi e sono essenziali per la sopravvivenza. Vi proteggono dai pericoli reali. Ad esempio, se scoppia un incendio, la paura delle fiamme serve a proteggersi, ad allontanarsi dalla situazione di pericolo. La paura che provate quando la vostra vita è attivamente minacciata da un'altra persona, ad esempio con un'arma, è anche per la vostra protezione.

Paure astratte

Ma l'essere umano è un essere vivente capace di pensare in modo astratto. Di conseguenza, il cervello può sviluppare paure per proteggersi da un pericolo apparente. La reazione del corpo quando si scatena la paura è la stessa di una situazione di pericolo reale. La differenza è che il pericolo potenziale non è necessariamente una minaccia reale. Per illustrare questo concetto, facciamo un esempio: la paura dei ragni è una paura molto comune nella nostra società. È un buon esempio di paura astratta nata da una paura primordiale. In origine, la paura degli insetti sconosciuti era potenzialmente vitale per la sopravvivenza umana. Non si sapeva quale insetto potesse causare un avvelenamento mortale e quindi era meglio esercitare una cautela generale. Oggi sappiamo che in Germania non esiste alcuna specie di ragno che possa causare un avvelenamento potenzialmente letale. Di conseguenza, è anche certo che non bisogna più avere paura dei ragni. La paura primordiale dei ragni, un tempo giustificata, si è quindi trasformata in una paura astratta in cui la persona interessata teme uno scenario altamente improbabile, ovvero essere ferita da un ragno. Ora, questa paura può essere spiegata relativamente bene e se ne può rintracciare l'origine. Ma ci sono anche paure molto più astratte, come la paura dei clown o la paura dei buchi. Tutte queste paure derivano in ultima analisi da una delle paure primarie, ma non hanno alcuna funzione di salvataggio. Nel contesto dell'autostima, ci sono diverse paure che possono impedire di sviluppare una sana autostima. Si tratta di paure sociali di rifiuto o esclusione. Gli esseri umani, in quanto esseri sociali, hanno sempre avuto bisogno di essere accettati e integrati socialmente. L'esclusione dal gruppo significava essere indifesi contro i predatori e le intemperie e doveva essere evitata a tutti i costi. Al giorno d'oggi, questa paura primordiale porta ancora al fatto che le persone con un basso livello di autostima temono i conflitti sociali e spesso mettono da parte i propri bisogni per evitarli.

COME POSSO VINCERE LA PAURA DELLA PAURA?

Si può immaginare che alcune paure astratte possano portare a problemi come quelli sopra citati. Come si fa a vincere la paura della paura? Importante: non cercate di liberarvi dalle legittime paure primarie, perché le avete per proteggervi. Il punto è rendere la vita più facile liberandosi delle paure che non rappresentano una protezione da un pericolo reale ma, come suggerisce il nome, creano una situazione di pericolo astratto.

Si tratta quindi di paure astratte, che alla fine rappresentano solo un pericolo per i vostri pensieri. La paura della paura è esattamente questo: astratta.

Una volta che si ha paura di qualcosa di specifico, si sviluppano sintomi come tremori o battito cardiaco accelerato. Poiché questi sintomi sono comprensibilmente fastidiosi e si ha la sensazione che possa accadere qualcosa da un momento all'altro, si sviluppa anche la paura di questi sintomi. Sapendo cosa scatena i sintomi, si finisce per avere paura della paura.

Per tornare all'esempio citato in precedenza, la paura dei ragni, vediamo più da vicino cosa succede esattamente nella mente. Si vede un ragno. Invece di classificare l'insetto come innocuo, si reagisce con paura. Immaginate il dolore che il morso del ragno vi causerà e che potrebbe persino essere fatale. Si immagina uno scenario horror che, realisticamente, non si verificherà. Si può usare la propria immaginazione per cambiare l'immagine negativa del ragno che ci morde in un'immagine neutra o addirittura positiva. È possibile creare un'immagine neutra della situazione facendo presente che in questo Paese non ci sono ragni velenosi o addirittura mortali in casa. L'animale seduto di fronte a voi non può uccidervi. Potete anche fare un passo avanti e cercare di vedere qualcosa di positivo nel ragno. Come sapete, i ragni tessono ragnatele per catturare altri insetti. In questo modo, possono tenere a bada insetti molto fastidiosi come le zanzare e diventare una sorta di protezione per voi.

Nell'esempio del ragno, avete già imparato diversi metodi per combattere la paura. Puoi scoprire quale?

Forse un altro metodo per combattere l'ansia funziona meglio per voi, naturalmente dipende sempre dall'ansia in particolare. Ecco alcuni metodi e trucchi per aiutarvi ad affrontare le vostre paure:

1) Effettuare un controllo dei fatti. Guardate in modo neutrale la vostra paura. Immaginate che durante l'autoesame siate solo un osservatore di voi stessi, che guarda la situazione con mente aperta. Quale pericolo state affrontando? Qual è il caso peggiore realistico? Come osservatore neutrale, scoprirete che molte paure non sono così negative come possono sembrare. Se avete difficoltà a guardare la situazione dall'esterno, è utile ricercare fatti scientifici. Al più tardi, scoprirete che alcune cose sono molto meno gravi di quanto immaginavate. Per risparmiarvi la fatica della ricerca e per mostrarvi quante paure comuni si applicano, ecco alcuni esempi di fatti che possono aiutarvi:

   - L'esempio già spiegato della fobia dei ragni. In Germania non ci sono ragni mortali o aggressivi.
   - Un altro buon esempio è la paura di volare. In effetti, l'aereo è uno dei mezzi di trasporto più sicuri, con una probabilità di incidente di 1 su 9 milioni.
   - Essere attaccati da uno squalo è altrettanto improbabile.

2) Ingannate la vostra immaginazione e trasformate le paure in qualcosa di positivo. Questo metodo è particolarmente adatto alle persone con una buona immaginazione. Queste persone hanno spesso problemi con le immagini di orrore

che certe situazioni evocano in loro. Il vostro obiettivo è sostituire queste immagini negative con immagini positive. A tal fine, è necessario visualizzare l'immagine che genera la paura quando si prova paura in una situazione. La cosa successiva da fare è liberarsi da questa immagine. Ad esempio, si può immaginare di dipingere con un pennello bianco fino a renderlo completamente bianco. L'ultima cosa da fare è scegliere un'immagine positiva per voi e posizionarla sulla superficie bianca. Potrebbe essere necessario ripetere questo processo alcune volte finché non si interiorizza la nuova immagine. Ora avete sostituito un'immagine negativa con una positiva.

3) Fate qualcosa di buono per la vostra testa e imparate a rilassarvi. L'ansia si amplifica quando si è tesi. Ecco perché è importante prendersi cura della propria salute mentale. La meditazione è un buon modo per molte persone di rilassarsi veramente e vale sicuramente la pena di provare. Ci sono anche altri modi per schiarirsi le idee. Alcune persone trovano utile uscire all'aria aperta, magari facendo jogging per schiarirsi le idee, per così dire. Altri preferiscono dedicarsi a un'attività artistica, come dipingere un quadro o scrivere i propri pensieri. La musica può anche aiutare a rilassare la mente e a bloccare il mondo esterno per qualche minuto.

4) Affrontate le vostre paure. Confronto è la parola magica in questo caso. Scegliete questo metodo solo se credete di poter affrontare la situazione. Se si ha fiducia, questo metodo è molto efficace e spesso coronato da successo. Preparatevi alla possibilità di fallire. Gli errori danno l'opportunità di imparare. Siate consapevoli che tutti commettono errori. Non dovete mettervi nella peggiore situazione possibile, sarebbe una terapia d'urto piuttosto che una terapia di confronto. Ad

esempio, se avete paura dei cani, potreste non voler prendere subito un cane vostro. Per cominciare, è sufficiente non cambiare lato della strada quando un cane vi viene incontro. Poi potrete avvicinarvi ai cani passo dopo passo. La cosa migliore è che conosciate personalmente qualcuno che abbia un proprio cane con cui esercitarvi. Alla fine vi sentirete pronti ad accarezzare il cane e avrete vinto la vostra paura. Come per il cane, anche per le altre paure bisogna procedere per gradi.

5) Diventare consapevoli dei propri punti di forza e dei propri successi. Questo è il senso di questo libro. L'ansia sociale, in particolare, è solitamente causata da una scarsa fiducia in se stessi. Se non siete sicuri di voi stessi, cercate di ricordare una situazione in cui avete ottenuto ciò che temete. Un buon esempio è la paura del palcoscenico prima di apparizioni pubbliche o conferenze. Ricordate la presentazione che avete fatto a scuola. Era davvero così grave? Dopo tutto, siete sopravvissuti anche a questo e avete anche acquisito un po' di esperienza. In questo modo siete già esperti della situazione e non dovete temerla affatto. Naturalmente, potrebbe anche trattarsi di una situazione nuova. Nel peggiore dei casi, ricordate situazioni simili, ma non siete stati in grado di affrontarle in passato. In questo caso, bisogna ricorrere a un trucco e ricordare un altro successo che si può mettere in fila. All'inizio può sembrare un po' strano. Questo metodo consiste, in ultima analisi, nel prendere coscienza della propria autostima e non necessariamente nel sapere che si è stati in grado di gestire la situazione in precedenza. L'obiettivo è quello di avere la fiducia necessaria per vincere le proprie paure, e questa forza si acquisisce attraverso la fiducia in se stessi.

CAUSE DELLA MANCANZA DI FIDUCIA IN SE STESSI

6) Non fatevi prendere dalla giostra mentale. Alcune paure sorgono solo quando abbiamo abbastanza tempo per pensarci. E molte paure si intensificano quando ci si prende il tempo di rivedere lo scenario dell'orrore più e più volte nei dettagli. È necessario eseguire questa operazione solo per poter poi passare al metodo spiegato nel settimo passo. In caso contrario, è sicuramente meglio non iniziare a rimuginare affatto. Se vedete una persona che vi sembra simpatica, non perdete tempo a pensare a quanto crudelmente possa rifiutarvi, parlatele e basta. Non date alla vostra testa il tempo di farsi prendere dal panico, ma agite in anticipo. Naturalmente, questo metodo è adatto solo a situazioni evidentemente innocue, cioè quando si sa esattamente che la paura è irrazionale e ha luogo solo nella propria testa.

7) Viaggio nel futuro. Questo metodo richiede un po' di tempo e non dovrebbe essere utilizzato in una situazione di ansia concreta. È adatto per essere utilizzato prima di entrare in una situazione in cui si sa che si proverà una paura astratta. È anche utile per combattere le paure generali e a lungo termine. Prendetevi un momento di tranquillità per voi stessi e fate un esame di coscienza. Diventate consapevoli delle vostre paure. Quale sarà l'impatto se la paura continuerà ad avere potere su di voi? Ad esempio, eviterete di candidarvi per il lavoro dei vostri sogni perché la paura del rifiuto è troppo grande? La vostra paura vi impedisce di incontrare degli sconosciuti perché temete di essere rifiutati? Probabilmente avete già fatto il passo successivo alcune volte. Immaginate lo scenario peggiore. Qual è lo scenario peggiore? Fate domanda per il lavoro dei vostri sogni e ricevete un rifiuto. Il vostro sogno si è infranto e tutto il lavoro che avete fatto non è servito a nulla. Oppure vi avvicinate a uno sconosciuto e cercate di stabilire un contatto e questa persona vi

dice in modo offensivo che non è interessata ad avere un contatto più stretto con voi. Questo fa sicuramente male all'immaginazione. Ma ora arriva la parte più dolorosa. Immaginate cosa accadrebbe se non riusciste a vincere la vostra paura. Non farete mai domanda per il lavoro dei vostri sogni, quindi non avrete nemmeno la possibilità di ottenerlo. Non saprete mai se ce l'avreste fatta. Passerete la vita a chiedervi se non valeva la pena provarci e forse un giorno vi renderete conto che ogni tentativo vale la pena e che si cresce da ogni esperienza. Oppure, nell'altro esempio, non oserete mai avvicinare uno sconosciuto e quindi non riuscirete mai a stabilire nuovi contatti. Non sarete in grado di fare nuove amicizie interessanti e vi sentirete invece soli. Visto così, questo scenario sembra molto più doloroso di quello peggiore che si teme. Per quanto doloroso possa essere questo metodo, può anche essere efficace per darvi la spinta necessaria nella giusta direzione.

È POSSIBILE UNA VITA COMPLETAMENTE PRIVA DI PAURE?

Dopo aver imparato tanti metodi per combattere le paure, ci si può chiedere se non sia possibile vivere completamente senza paure. Per quanto l'idea possa essere allettante, soprattutto se si soffre di molte paure, è importante avere obiettivi realistici. Le paure sono troppo importanti per la nostra sopravvivenza per essere sradicate in modo efficace. Non è affatto questo il punto. Dovreste concentrarvi sulla lotta contro le paure che vi impediscono di vivere una vita soddisfacente. Se comunque non vi piace andare in piscina, probabilmente è uno spreco di energie combattere la paura della torre di dieci metri. Naturalmente, è diverso se ha un significato personale e se sapete che sconfiggere quella paura avrà un impatto positivo sulla vostra immagine e sulla fiducia in voi stessi. Ma perché lottare attivamente contro la paura degli squali, ad esempio, se non si ha intenzione di viaggiare in un luogo in cui gli squali vivono? È più importante che sappiate riconoscere quando una paura vi blocca e che riusciate a sconfiggerla in modo efficace. Anche in questo caso, il successo è sempre negli occhi di chi guarda. Di alcune paure non ci si potrà mai liberare. Allora la vostra vittoria consiste nell'affrontare la situazione e nel dominarla nonostante la paura che è ancora presente.

Autoanalisi e sviluppo della personalità

Il suo capitolo è dedicato all'autoriflessione, cioè a fare chiarezza su chi si è. Una volta chiarito cosa vi rende ciò che siete, potete chiedervi se ci sono cose di voi che preferireste fossero diverse. È importante non cercare di diventare una persona completamente diversa, perché non è possibile. Si tratta piuttosto di scoprire quali parti della vostra personalità vi impediscono di vivere una vita felice e di lavorare attivamente solo su queste qualità. Le persone molto insicure a volte si vedono con un solo difetto e preferirebbero essere qualcuno di completamente diverso. Il fatto che i vostri difetti vi sembrino così insormontabili può essere dovuto al fatto che vi concentrate solo su di essi, perdendo di vista tutto ciò che è positivo. In questo caso, è urgente allenare la propria forza mentale e rafforzarsi emotivamente per recuperare un'immagine positiva di sé.

ALLENARE LA FORZA MENTALE E CONSOLIDARE LE EMOZIONI

La forza mentale è una qualità importante se si vuole vivere una vita soddisfacente, perché è difficile essere soddisfatti se si passa continuamente da un'emozione estrema all'altra. Da un lato è molto faticoso, dall'altro si ripercuote negativamente su diversi ambiti della vita. Ecco alcuni esercizi per costruire la vostra forza mentale.

1) Valutare razionalmente le emozioni forti. La prendete sul personale quando qualcosa va storto? Vi arrabbiate quando le cose non vanno come vorreste o scoppiate a piangere quando non potete farne a meno? Poi è il momento di riflettere sulle emozioni e di guardarle da un punto di vista neutrale. Non date sempre per scontato che tutto sia colpa vostra o che tutto ciò che fate sia comunque destinato a fallire. Mettetevi nella posizione di un osservatore non coinvolto e valutate la situazione da questo punto di vista.

2) Siate consapevoli di ciò che vi spaventa. La paura può scatenare forti emozioni. Ecco perché è bene essere consapevoli delle proprie paure, perché così si possono affrontare le situazioni in cui si reagisce in modo eccessivo a causa di paure irrazionali in modo molto più rilassato. Vi date l'opportunità di rendervi conto che c'è una paura che parla di voi e che la situazione in realtà non è così spaventosa come vi sembra.

3) Esigete le vostre esigenze. All'inizio può essere difficile pretendere qualcosa dagli altri, soprattutto se non si è abituati a farlo. Potreste anche incontrare delle resistenze da parte di alcune persone. È proprio questa resistenza che dovete affrontare e affermare attivamente. In questo modo si allena

enormemente la propria forza mentale. Il vantaggio di decidere attivamente di rivendicare le proprie esigenze e, ad esempio, di mostrare a un'altra persona un confine personale, è che ci si può preparare mentalmente a una reazione difensiva. Siate consapevoli che l'attesa reazione difensiva del vostro interlocutore può scatenare in voi forti emozioni e preparatevi mentalmente ad affrontarla. Questo vi darà un vantaggio nella situazione e la possibilità di far valere le vostre ragioni, anche se è difficile per voi.

4) Trascorrere del tempo con se stessi. Non rendetevi dipendenti dagli altri, ma imparate anche a godervi il tempo da soli. Se dipendete troppo dagli altri per la vostra felicità, vi rendete vulnerabili e per le persone che vogliono farvi del male è più facile trovare un punto dolente. Certo, poche persone sono davvero felici, ma in ogni caso è positivo per il vostro equilibrio sapere che siete felici con voi stessi. Inoltre, possono sempre verificarsi spiacevoli malintesi che portano a sentirsi feriti dal comportamento di un'altra persona.

5) Imparate ad apprezzare i vostri talenti. Ognuno ha determinati talenti e cose che gli piace fare. Qualunque siano i vostri punti di forza, siatene orgogliosi e siate grati di averli. Passate il tempo a fare cose che vi piacciono e migliorate in quelle aree. Questo migliorerà l'immagine che avete di voi stessi.

6) Accettare le proprie debolezze. Se non vedete le vostre debolezze come una sfaccettatura della vostra personalità, ma soffrite del fatto che sono una parte di voi, questo vi rende molto vulnerabili. Questo può facilmente sconvolgervi se, ad esempio, le vostre debolezze vengono messe in luce inaspettatamente dagli altri.

7) Sostenete i vostri valori. Tutti hanno determinati valori. Può essere molto sconvolgente scoprire che le persone agiscono contro i vostri valori. Diventa ancora più stressante quando si ha la sensazione di non aver difeso i propri valori. Non lasciate che questi sentimenti di rimorso sorgano in primo luogo, ma parlate quando sentite che qualcosa non va. Scoprirete che, anche con persone che non condividono i vostri valori, otterrete rispetto e riconoscimento. Chi reagisce in modo irritante al vostro intervento deve lavorare molto sul carattere.

8) Assumersi la responsabilità. La sensazione di essere trattati ingiustamente può, come già detto, scatenare forti emozioni. Non sempre si è in grado di difendere efficacemente i propri valori. Tuttavia, se vi assumete maggiori responsabilità, potete monitorare queste aree e ampliare la vostra sfera di influenza. Più avanti in questo capitolo troverete altri suggerimenti su questo argomento.

9) Invidiate il successo degli altri e gioite con loro. La gelosia è un'emozione molto forte e tossica. Se siete invidiosi del successo degli altri, siete gli unici a subire un danno. La vita non è una competizione. Se siete sinceramente felici per il successo degli altri, questo dimostra la vostra forza mentale ed evoca in voi emozioni positive. Inoltre, tale bonarietà ha sicuramente un effetto positivo sull'impressione esterna che si ha sul prossimo.

10) La calma è un potere. Molti artisti che soffrono di paura del palcoscenico si ritirano per qualche minuto prima della loro esibizione e trovano un posto tranquillo. Questo esercizio vi aiuterà anche se volete migliorare la vostra forza mentale. Ritiratevi quando sapete di avere una sfida davanti a voi. Non deve essere lungo, bastano pochi minuti. Utilizzate

questo tempo per calmarvi. Ognuno fa a modo suo. Forse è utile mettersi le cuffie nelle orecchie e ascoltare la propria canzone preferita. Può anche darsi che il silenzio assoluto aiuti a meditare per un breve periodo. Si può anche provare a canticchiare una canzone o a scegliere alcuni esercizi fisici. Tuttavia, i movimenti devono essere finalizzati al rilassamento e non devono sollecitare inutilmente il corpo. Se nulla di tutto ciò aiuta, è bene provare a fare degli esercizi di respirazione. Ad esempio, la respirazione alternata è un buon modo per farlo. Inspirare ed espirare alternativamente attraverso le narici. Chiudere la narice sinistra con un dito e respirare profondamente attraverso la narice destra. Quindi cambiare la narice chiusa scoprendo la narice sinistra e tenendo chiusa quella destra. Rilasciare lentamente l'aria inspirata attraverso la narice sinistra. Ripetete questa operazione alcune volte finché non notate che vi state calmando. In alternativa, si può provare la respirazione di pancia. Per farlo, appoggiare delicatamente entrambe le mani sulla pancia, in modo che le punte delle dita si tocchino. Durante l'inspirazione, lasciate che l'aria fluisca nella pancia senza alcuno sforzo e, solo quando inizia a gonfiarsi, lasciatela fluire nel petto. Si nota il rigonfiamento quando i polpastrelli si toccano e si allontanano. Mentre inspirate, espirate nello stesso modo rilassato. Rilassate prima il petto e lasciate uscire l'aria e poi la pancia. Alla fine le punte delle dita devono toccarsi di nuovo. Inspirate di nuovo solo quando ne sentite il bisogno e di nuovo senza esercitare pressione. La respirazione addominale consente all'organismo di assumere una quantità di ossigeno molto superiore al normale. L'ossigeno supplementare ha un effetto rilassante sul corpo e pone fine in modo efficace agli stati di stress.

IMMAGINE DI SÉ E IMMAGINE ESTERNA

Dovete essere consapevoli che non esiste una sola immagine di voi come persona. C'è l'immagine che avete di voi stessi, l'immagine di sé, e l'immagine che gli altri hanno di voi, l'immagine esterna. Queste due immagini devono essere diverse tra loro, perché altrimenti una determina l'altra. Questo non è un bene in ogni caso, perché un'immagine di sé determinata dall'immagine degli altri trascura aspetti importanti e personali di voi stessi, che nessuno oltre a voi può conoscere, ma che comunque definiscono parte della vostra personalità. Ma è anche importante che le influenze esterne possano avere un impatto sulla vostra immagine. Il vostro compito è quello di trovare una sana miscela di entrambi.

IMPARARE AD ASSUMERSI LE PROPRIE RE-SPONSABILITÀ

Vi chiederete cosa c'entri la responsabilità con il tema del libro, Rafforzare la fiducia in se stessi. Se siete riluttanti ad assumervi le vostre responsabilità, la causa è una bassa autostima. Da un lato, potreste non voler perdere la comodità di poter dare la colpa di tutto ciò che non vi va giù agli altri, perché non ne siete responsabili. Per saperne di più, leggete il capitolo 7: Uscire dal ruolo di vittima. Ma la vera ragione è probabilmente un'altra. Avete paura. Avete paura di prendere decisioni sbagliate e di fallire per questo. Le richieste che vi vengono fatte vi fanno sentire insicuri e pensate di non poterle soddisfare. Anche la paura del rifiuto sociale può impedire di assumersi le proprie responsabilità. E questa paura è espressione di una bassa autostima. Le conseguenze possono manifestarsi in molti modi. Le relazioni possono sembrare opprimenti e ci si allontana. Non si fa carriera perché si evita consapevolmente di affrontare le sfide professionali per paura di fallire. Invece, lasciate che siano gli altri a prendere l'iniziativa. Tutto questo porta inevitabilmente all'insoddisfazione. Per questo motivo, dovreste esercitarvi ad assumervi la responsabilità mentre fate esercizi di autoconsapevolezza, perché queste due qualità possono rafforzarsi a vicenda.

1) Iniziare e basta. Invece di rimanere intrappolati in una giostra mentale di pianificazione di cosa assumersi la responsabilità per primo, assumete piccoli compiti quotidiani che non avete paura di fare. Ad esempio, programmate di rifare il letto ogni mattina quando vi alzate, o di buttare la spazzatura regolarmente. Per questi primi passi è molto utile anche procurarsi una pianta d'appartamento e prendersene

cura. Questi compiti non sono divertenti, ma inviano un segnale importante a voi stessi che siete pronti ad assumervi le vostre responsabilità.

2) Decidere più spesso in modo intuitivo. Quando ci si trova nella situazione di evitare il maggior numero possibile di responsabilità, si tende rapidamente a disperarsi anche per le piccole decisioni. Spesso inizia con il vestirsi al mattino. Cosa indossare? Continua con il mangiare. Se c'è più di un'opzione, si ha difficoltà a decidere. E in generale, si ha difficoltà a sapere cosa si vuole. Per ovviare a ciò, c'è solo una cosa da fare: decidere in modo intuitivo. Quando vi vestite al mattino e vi mettete davanti all'armadio, scegliete l'abito che intuitivamente vi attrae per primo. E si fa lo stesso con il cibo. Scegliete il cibo che vi va di mangiare. Naturalmente, è necessario assicurarsi di seguire una dieta sana ed equilibrata, ma ciò non deve necessariamente escludersi a vicenda.

3) Imparare ad ammettere gli errori. Non dovete avere paura del fallimento. L'insicurezza può portare rapidamente a difficoltà nell'ammettere i propri errori a se stessi e agli altri. Al contrario, si può cercare di coprirli o addirittura iniziare a dare la colpa agli altri. Pensate a come vi sentireste nei confronti di un'altra persona che si è comportata in questo modo quando ha commesso un errore. Non sarebbe di certo una buona idea per voi. Vi guadagnerete molta più simpatia se ammetterete apertamente i vostri errori e vi assumerete la responsabilità delle loro conseguenze. Dal momento che molte persone lo trovano difficile, otterrete un sano rispetto e un po' di simpatia.

4) Porre fine al ruolo di vittima. Questo punto segue direttamente il punto precedente. Tuttavia, merita una sezione a

parte perché non si tratta solo dell'effetto esterno sul prossimo. Non a caso in questo libro c'è un capitolo a parte sul vittimismo. Naturalmente è utile sapere che questo comportamento non è gradito agli altri. Ma anche la motivazione può essere diversa. Se siete costantemente nel ruolo di vittima, state ostacolando la vostra stessa felicità. Solo voi conoscete le vostre esigenze fin nei minimi dettagli. Pensate a quanto sia difficile per voi sapere sempre con certezza cosa vi fa bene. Come può farlo qualcun altro? Inoltre, nessuno è responsabile della vostra felicità, anche se a volte lo pensiamo. Ci piace incolpare soprattutto il nostro partner di vita di doverci rendere felici. Ma questo è un errore fatale che a lungo andare renderà infelici entrambi. È vostro compito lottare per le vostre esigenze e non dovete trasferire questa responsabilità a nessun altro.

5) Prendete le vostre decisioni. Per quanto ovvio possa sembrare questo consiglio, è importante metterlo in pratica. Anche se la volontà di prendere le nostre decisioni è già presente, succede troppo presto che ci lasciamo dissuadere. Una domanda scettica sul fatto che siamo davvero sicuri può essere sufficiente a farvi vacillare. Un modo particolarmente valido per iniziare è quello di dire davvero "no". Ciò significa che una volta che si è deciso contro qualcosa e lo si è detto, ci si attiene fermamente ad esso. Ci saranno sempre momenti in cui qualcuno cercherà di dissuadervi da una decisione, ma il vostro compito d'ora in poi sarà quello di mantenere il vostro "no". Questo è un buon modo per iniziare ad abituarsi a prendere le proprie decisioni.

6) Assumersi la responsabilità di un essere vivente. Non preoccupatevi, questo esercizio non deve essere necessariamente per studenti avanzati, anche se all'inizio potrebbe sembrare

così. Probabilmente avete pensato subito a un animale domestico. Se all'inizio questo è un problema troppo grande per voi, non preoccupatevi, perché ci sono altre creature di cui potete farvi carico. Che ne dite di una nuova pianta da appartamento? Impegnatevi fermamente a prendervi cura di una pianta. Innaffiandolo e curandolo regolarmente, imparerete ad assumervi le vostre responsabilità e avrete un visibile senso di realizzazione. Questo può essere molto motivante, quindi perché non provarci?

7) Prendere due piccioni con una fava. Potete imparare ad assumervi le vostre responsabilità e a trarne visibilmente beneficio. Assumete alcuni compiti domestici che non lasciate più fare a nessuno. Ad esempio, se siete l'unica persona della famiglia responsabile di portare fuori la spazzatura, non ci saranno più discussioni sull'argomento e potrete costruire il vostro senso di responsabilità. Finché il cestino non trabocca, sapete che state facendo tutto bene e la fiducia nel vostro senso di responsabilità cresce.

8) Esercitarsi ad assumersi le proprie responsabilità trovando soluzioni ai problemi. Per farlo, si sceglie consapevolmente un problema che si sta presentando e ci si dichiara responsabili di trovare una soluzione. Questo potrebbe non sembrare un esercizio da fare, perché chi vuole cercare altri problemi oltre a quelli che ha già? L'aspetto positivo è che potete scegliere quale problema affrontare. Non è necessario che si tratti di un problema molto grave. Se volete iniziare in piccolo, potete procurarvi un libro di enigmistica e scegliere uno dei puzzle come problema da risolvere. L'obiettivo è semplicemente quello di dimostrare a se stessi che si è in grado di risolvere un problema di cui si è responsabili.

L'OTTIMISMO REALISTICO È UN OTTIMISMO SANO

Se avete mai parlato con una persona piuttosto pessimista del suo atteggiamento, vi avrà assicurato che non è pessimista, ma piuttosto realista. Questa è l'immagine che molti pessimisti hanno di se stessi. Gli ottimisti, invece, hanno la reputazione di essere poco realistici. Ma così come i pessimisti possono convincersi della realtà, gli ottimisti possono vedere la realtà sotto una buona luce. Il fatto che ci si concentri sui fattori positivi non significa che non si riesca a vedere la realtà. Non dovete cadere nella trappola di sopprimere tutti i pensieri critici. Vivere un ottimismo basato sulla realtà. È stato dimostrato che un atteggiamento ottimista ha un effetto positivo su tutta la vita. I momenti difficili sono più facili da superare, il corpo rimane più sano e la vita sociale ne beneficia.

Il concetto di felicità: da dove viene e da cosa dipende la felicità?

CHE COSA SIGNIFICA IN REALTÀ IL TERMINE "FELICITÀ"?

Dalla sua origine, la parola "gelücke" può essere tradotta approssimativamente come "il modo in cui qualcosa risulta bene". In origine, il termine indica l'esito positivo di una situazione. Fondamentalmente, dovete sapere che la parola "fortuna" ha molti significati diversi. Si riferisce sempre a diversi modi di soddisfare i desideri e le aspirazioni umane. La sensazione di felicità che ne deriva può variare da una breve euforia a una sensazione di felicità duratura. Possiamo entrare in uno stato quasi estatico o provare una più pacifica soddisfazione.

INFLUENZA DEGLI ALTRI SULLA VOSTRA FELICITÀ

L'influenza che gli altri hanno sulla vostra felicità dipende dalla vostra personalità. Alcune persone vivono più secondo il motto: "Ognuno è artefice della propria felicità", mentre per altre il prossimo gioca un ruolo importante nella propria felicità. In sostanza, i due possibili estremi dell'influenza degli altri sulla vostra felicità personale non sono desiderabili. Non è bene escludere tutte le altre persone dalla propria felicità e voler fare tutto da soli. Ma se si può essere felici solo grazie all'affetto o alle azioni di altre persone, c'è sempre il pericolo di essere feriti. Questo non deve necessariamente essere inteso da altre persone. Il fatto è che solo voi potete conoscere davvero le vostre esigenze e, alla fine, solo voi siete responsabili della vostra felicità. Non fate quindi l'errore di dipendere troppo dagli altri. Allo stesso modo, dovreste evitare di isolare completamente le altre persone dalla vostra felicità, perché siamo esseri sociali e possiamo provare certe emozioni positive solo attraverso l'interazione con i nostri simili. Quindi, come spesso accade, è importante trovare una sana via di mezzo. È stato dimostrato che la forma di contatto sociale contribuisce in modo significativo a provare un senso di felicità più stabile. La facilità di formare legami sociali e di gestire i conflitti interpersonali dipende in larga misura dai legami familiari sperimentati nell'infanzia. Se le persone sono in grado di imparare fin da piccole come comportarsi in situazioni sociali e di stabilire un rapporto stabile di fiducia, sarà molto più facile trattare con gli altri esseri umani più avanti nella vita. È più facile per loro aprirsi agli altri e creare fiducia. Esprimere le esigenze individuali è più facile anche grazie alla fiducia che si è creata. Purtroppo, non tutti hanno la fortuna di crescere con legami sociali così solidi. Soprattutto le persone che hanno problemi di fiducia in se stesse possono, almeno in parte, attribuirlo al fatto che avevano bisogno di maggiore stabilità nel loro sviluppo. Se questo è anche il vostro caso, non c'è motivo di disperarsi. Fortunatamente, gli esseri umani sono creature mutevoli e possono imparare nuovi modelli di comportamento. L'interazione sociale scatena in noi sentimenti di felicità nelle forme più diverse. Una buona conversazione può fare miracoli, oppure l'opportunità di confidarsi con qualcuno. Anche il banale cazzeggio ha un effetto positivo, perché non deve sempre riguardare argomenti profondi. Anche la vicinanza fisica ha un effetto positivo sulle persone, sia sotto forma di carezze tra partner che di semplici pacche sulle spalle. Per cominciare, sappiate che le relazioni sociali positive possono stabilizzare il vostro senso di felicità.

ESSERE FELICI: CINQUE FASI DA CONOSCERE

Forse avete sentito parlare delle cinque fasi del lutto. Ebbene, esistono anche cinque fasi della felicità, riassunte nel cosiddetto modello PERMA. In genere è molto utile esaminare in dettaglio l'obiettivo che si vuole raggiungere. Quindi, se state cercando di essere felici, ci riuscirete più facilmente se vi occupate di cosa significa effettivamente essere felici e di come si ottiene la felicità.

1) **P come "Emozioni positive"**. La sensazione di felicità non è uno stato che può essere mantenuto in modo permanente, perché è carica di emozioni forti e positive. È quindi l'antitesi della tristezza, che è carica di emozioni negative. Così come non sarete intrappolati in una profonda tristezza per sempre, non sarete pieni di felicità ogni secondo della vostra vita, e questo va benissimo. Invece, come stato di base, dovreste cercare di ottenere una sensazione di appagamento duraturo.

    Purtroppo, spesso ci sembra di avere più motivi per provare emozioni negative che per provare emozioni positive. Questo perché la nostra coscienza vive in modo particolarmente intenso gli eventi negativi e li memorizza per poterli evitare in futuro. Storicamente, questo è un meccanismo importante per evitare situazioni potenzialmente pericolose in futuro. È facile che ci si concentri sugli aspetti negativi della propria vita, perdendo di vista quelli positivi. È quindi importante che decidiate consapevolmente di notare le emozioni positive. Quando vi capita qualcosa di bello, dovete lasciarvi trasportare dai sentimenti che ne derivano. Date loro il tempo di lavorare su di voi ed evitate di relativizzarli o svalutarli immediatamente. Molte persone tendono ad essere scettiche nei confronti delle loro emozioni positive e lo eliminano smorzando la sensazione positiva con una spiegazione negativa. Così, ad esempio, se qualcuno riceve un aumento di stipendio inaspettato, la sua felicità viene immediatamente smorzata dal pensiero che in cambio gli verrà sicuramente chiesto di lavorare molto di più. Oppure, se qualcuno è amichevole nei vostri confronti, ciò si spiega con il fatto che l'altra persona si aspetta sicuramente qualcosa in cambio. Non è impossibile che in qualcosa di positivo ci sia anche un fattore negativo. Tuttavia, questo non significa che non possiate esserne felici o che sia vostro dovere eliminare immediatamente questo fattore negativo prima di essere felici.

Naturalmente anche reprimere le emozioni negative non è la strada giusta, ma dedicare loro un'adeguata attenzione può essere sicuramente utile. A questo scopo, la sera potete dedicare qualche minuto a rivedere la giornata passata. Cercate le emozioni positive provate durante la giornata. Affinché sappiate esattamente su quali emozioni dovrete concentrarvi d'ora in poi, le elenchiamo qui, come descritto nel libro di Barbara Fredrickson intitolato: "Il potere delle emozioni positive". Potete anche fare un elenco con i dieci sentimenti positivi e, ogni volta che vi viene in mente una situazione in cui avete provato uno dei sentimenti, fare un conteggio dietro il rispettivo sentimento. Questo vi darà una panoramica delle emozioni positive che provate più spesso e di quelle a cui forse dovreste prestare maggiore attenzione.

- Gioia

- Serenità
- Curiosità
- Gratitudine
- Speranza
- Caro
- Orgoglio
- Piacere
- Ispirazione
- Stupore

2) **E per "impegno", cioè disponibilità all'azione**. La fase di "impegno" riguarda i vostri punti di forza e i vostri talenti. Essere consapevoli dei propri punti di forza contribuisce enormemente a una vita felice. È altrettanto importante vivere attivamente i propri punti di forza ed è proprio questo l'obiettivo di questa fase. Vi è mai capitato di fare qualcosa che vi piaceva e di rimanere intrappolati in una specie di tunnel, senza accorgervi del tempo che passava intorno a voi? Allora questa attività è probabilmente un vostro talento. Per molte persone è difficile riconoscere davvero certe capacità come talenti. "È solo un hobby", potreste pensare, o qualcosa del genere: "In realtà, è solo una perdita di tempo". Questo presupposto vi rallenta e vi impedisce di vivere e migliorare i vostri punti di forza. Può anche darsi che vi siate allontanati dal vivere i vostri talenti e che abbiate già perso di vista quali talenti siano possibili per voi. Potreste anche non classificare alcuni punti di forza caratteriali come tali, perché pensate che siano improduttivi o evidenti in un modo o nell'altro. Il Prof. Seligmann e Christopher Peterson hanno stilato una panoramica dei 24 punti di forza caratteriali delle persone considerati dimostrabili. Questi sono organizzati in sei titoli. La gamma di tratti caratteriali positivi è enorme, come si può vedere dall'elenco seguente:

- Conoscenza:
  - Creatività
  - Curiosità
  - Giudizio
  - Disponibilità ad apprendere
  - La saggezza
- Il coraggio
  - Coraggio
  - Veridicità
  - Resistenza
  - Entusiasmo
- Umanità:
  - Capacità di rilegatura
  - Cordialità
  - Intelligenza sociale
- Giustizia:
  - Capacità di lavorare in gruppo
  - Equità
  - Leadership
- Moderazione:
  - Perdonato
  - Modestia
  - Attenzione
  - Autocontrollo
- Trascendenza:
  - Estetica
  - Gratitudine
  - Speranza
  - Umorismo
  - La fede

Sono molti i punti di forza del carattere, non è vero? Sicuramente ne avete alcuni, dovete solo esserne consapevoli. Evitate di dare loro priorità a tutti i costi, perché questo vi porterà a sviluppare un blocco interiore e a non riconoscere alcuni punti di forza. Considerate ciascuno di essi come desiderabile e riconosceteli come qualcosa di prezioso.

3) **R per "Relazioni"**. Gli esseri umani sono creature sociali. Che siate introversi o estroversi, le relazioni sociali vi fanno bene. Vale la pena di coltivarle e di impegnarsi in tal senso. Non tutte le persone hanno lo stesso effetto positivo su di voi, quindi scoprite chi vi fa particolarmente bene. Su chi si può sempre contare nella propria cerchia di amici? Vi sentite svuotati o energici dopo aver incontrato qualcuno? Quando ripensate all'ultima riunione, provate sentimenti positivi? Ponendovi domande come queste, potete scoprire quali persone sono particolarmente adatte a voi. Vale la pena investire nel rapporto con queste persone, perché sono la parte sociale della vostra felicità. Il passo più doloroso in questa fase è il distacco dalle influenze sociali negative. Le persone che non vanno bene per voi vi impediscono di essere felici e prosciugano l'energia che potreste altrimenti impiegare in relazioni vantaggiose. Per quanto possa essere difficile, distaccatevi dalle persone tossiche. Investite invece l'energia guadagnata in gesti gentili verso i vostri veri amici. Passate a trovarli, invitateli a un pranzo improvvisato o organizzate una serata al cinema insieme. Scoprite gli interessi e le passioni dei vostri amici e agite di conseguenza. Fare qualcosa di bello per una persona cara non solo rende felice l'altra persona, ma rende felici anche voi. Una scarsa fiducia in se stessi può impedire di piacere agli altri perché si ha paura di sbagliare o di dire la cosa sbagliata. Questo timore è del tutto infondato, perché se le intenzioni sono buone, un complimento sarà percepito come tale. E anche se sbagliate

a fare un piccolo regalo, ad esempio, la persona sarà comunque felice che abbiate pensato a lei. Quindi, se siete troppo insicuri per sorprendere i vostri amici con un piccolo regalo, consideratelo come un altro esercizio per costruire la vostra fiducia in voi stessi.

4) **M come "Significato"**. La ricerca del significato della vita è probabilmente antica quanto l'umanità. Non è necessario trovare l'unico significato di tutto per essere felici. Per la vostra felicità personale, dovete solo sapere cosa volete nella vostra vita. Stabilite obiettivi raggiungibili che non vi mettano sotto pressione e che vi diano una prospettiva positiva. È utile non iniziare con un grande obiettivo di vita. Iniziate con un obiettivo giornaliero. Un obiettivo giornaliero potrebbe essere, ad esempio, riordinare l'appartamento o fare il bucato. All'inizio non sembra molto, ma non è detto che lo sia. Tanto per cominciare, l'importante è raggiungere l'obiettivo, perché in questo modo si può celebrare ogni giorno un piccolo senso di realizzazione e interiorizzare la convinzione di poter raggiungere i propri obiettivi. Il passo successivo sarebbe quello di fissare obiettivi un po' più grandi, ad esempio un miglioramento in un hobby o nel lavoro. In questo modo potrete lavorare per ottenere un aumento di stipendio e per raggiungere obiettivi sempre più alti. Ma assicuratevi sempre che i vostri obiettivi siano raggiungibili, in modo da non perdere la motivazione e la fiducia in voi stessi.

5) **A come Realizzazione/Accomplishment**. La quarta e la quinta fase sono strettamente collegate. Realizzare" significa muoversi attivamente per raggiungere gli obiettivi che ci si è prefissati. Ognuna delle cinque fasi dovrebbe rendervi felici. Prestate quindi attenzione se lavorare per raggiungere i vostri obiettivi vi riempie di gioia. Tenete sempre a mente

il detto: "Il viaggio è la destinazione" mentre lavorate per raggiungere i vostri obiettivi. Inoltre, è qui che si diventa veramente attivi e si agisce. Gli obiettivi che vi siete prefissati non sono più messi in discussione; avete abbastanza tempo per farlo nella quarta fase. Una volta fissato un obiettivo, non dovreste più avere dubbi su di esso, né sulla possibilità di raggiungerlo né sul modo in cui lo raggiungerete. Avete già pensato a entrambe le cose. Ora dovete solo trovare la forza e la volontà di raggiungere i vostri obiettivi.

Sciogliere le convinzioni: Una guida in sei fasi

COSA SONO LE CREDENZE?

Le convinzioni sono le vostre idee su come funziona il mondo. Questo significa il modo in cui vedete certi contesti, la vostra visione dell'umanità e in generale le opinioni che vi influenzano a livello subconscio. Gli esseri umani sono esseri sociali che crescono in una comunità e imparano dagli altri membri della società. Le vostre convinzioni non si sviluppano da sole, ma sono influenzate da chi vi circonda. Naturalmente, i genitori e gli altri familiari più stretti esercitano un'influenza particolarmente forte. In seguito, anche gli educatori e gli insegnanti, così come gli amici, hanno un'influenza. Non bisogna inoltre sottovalutare l'influenza dei media. Infine, ma non per questo meno importante, ci si forma un'immagine del mondo a partire dalle proprie esperienze personali.

FORME DI CREDENZE

Ogni persona ne ha e ne ha bisogno, eppure si possono anche sviluppare convinzioni dannose. Si può capire se una convinzione ha un effetto positivo o negativo sulla propria vita dalla direzione in cui ci influenza. Vi aiuta ad andare avanti nella vita? Vi rende più felici? Allora è una convinzione positiva e non c'è motivo di scartarla. Ecco alcuni esempi di credenze che possono essere positive per molte persone:

- Sono felice di me stessa e del mio corpo.
- Merito di essere amato.
- Sono importante per le persone che mi sono vicine.
- Troverò una soluzione.
- Le mie debolezze fanno parte di me e va bene commettere errori.
- Non devo essere in grado di fare tutto subito, ma so che posso imparare se voglio.

La situazione è diversa con le convinzioni negative. Vi bloccano e possono persino scatenare delle paure. Essi danno origine a pensieri negativi che impediscono di raggiungere i propri obiettivi e di vivere una vita felice. Ecco alcune convinzioni comuni che possono avere un effetto negativo:

- Non piaccio a nessuno.
- Devo farmi forza e non mostrare alcuna debolezza.
- La vita è ingiusta.
- Merito di essere amato solo se me lo merito.
- Nessuno mi vede come sono veramente.

Nel classificare le credenze, ricordate sempre che la questione non è se gli altri siano d'accordo con l'affermazione della frase o se questa abbia un effetto positivo o negativo sugli altri. Si tratta solo dell'effetto che ha su di voi e che è indipendente dalle persone che vi circondano. Ci sono sicuramente credenze che possono essere positive per una persona e negative per un'altra. Prendiamo come esempio la frase: "Non ho alcuna influenza su alcune cose". Una persona che cerca sempre di avere il controllo può trarre beneficio dall'interiorizzazione di questa frase, perché le permette di lasciarsi andare e di smettere di cercare di assumersi la responsabilità per tutti. Su un'altra persona, tuttavia, tale convinzione può avere effetti negativi, ad esempio se tende a rifiutare la responsabilità e ha difficoltà a mettersi spesso nel ruolo di vittima. Una persona del genere potrebbe essere rafforzata in questo comportamento da questa convinzione e applicarla in generale a tutte le situazioni in cui deve assumersi delle responsabilità. Quindi vedete che dipende sempre dall'individuo come giudicare un sistema di credenze.

COME LE CONVINZIONI NEGATIVE POSSONO BLOC-CARE LA VOSTRA VITA

Ma come possono queste convinzioni rallentare il vostro cammino? Le più pericolose sono le credenze subconsce, perché hanno un effetto inconscio sul vostro comportamento. Non solo vi sfidano a lavorare sulle vostre convinzioni, ma dovete anche scoprire quale convinzione è alla base del comportamento negativo. Molte convinzioni sono ancorate nel vostro subconscio. Il vostro subconscio influenza il vostro comportamento. E attraverso il vostro comportamento raccogliete altre esperienze, che a loro volta formano le vostre convinzioni. Solo quando avrete scoperto quale convinzione vi impedisce di raggiungere un obiettivo che vi siete prefissati, potrete uscire dal circolo vizioso. L'obiettivo può essere professionale e legato alla carriera, ma può anche riguardare la felicità personale. Entrambi sono obiettivi importanti per i quali vale la pena lottare.

ADDIO CONVINZIONI NEGATIVE: UNA GUIDA PASSO PASSO

1) È il momento del lavoro investigativo: prendete una penna e un foglio di carta e iniziate a fare brainstorming. Quali detti e proverbi negativi vi vengono in mente spontaneamente?

Un esempio di detto negativo potrebbe essere: "Se vuoi essere bello, devi soffrire", perché questa affermazione implica che non si può essere belli da soli e che bisogna soffrire per essere belli. I detti negativi sono affermazioni fatte da altre persone che si ricordano come particolarmente negative, ad esempio: "Non ce la farai mai! Scrivete tutto ciò che vi viene in mente spontaneamente. Poi pensate alle aree della vostra vita che ritenete vi creino problemi. Avete pensieri che intensificano questi problemi o forse li causano? Scrivete anche questi. Infine, andate nel profondo di voi stessi e ricordate un giorno in cui eravate davvero di cattivo umore. Quali pensieri le frullavano in testa? Scrivete anche questi. Ora l'elenco è terminato. Se vi viene in mente qualcosa da dire su uno dei punti, potete aggiungerlo in seguito.

Continuate con il lavoro investigativo. Ripercorrete l'elenco punto per punto. Anche in questo caso, il punto è agire in modo intuitivo. Vi capita di leggere una frase che vi sembra del tutto inaspettata? Allora è improbabile che stia influenzando inconsciamente il vostro comportamento e potete cancellarlo dalla lista.

Si vuole ottenere lo stesso effetto con le altre convinzioni. A tal fine, leggete ad alta voce l'elenco frase per frase. Dopo ogni frase, prendetevi del tempo per sentire quanto vi fa sentire male quella frase. Non è così che volete sentirvi e il vostro subconscio se ne renderà conto. Alcune delle credenze saranno rilasciate in questo modo.

2) Per restare all'immagine del lavoro investigativo, si interrogano le convinzioni rimanenti. Poiché il vostro subconscio ha immagazzinato queste frasi come verità, è vostro compito dimostrare che sono sbagliate. Ponetevi le seguenti tre domande su ciascuna frase:

- Questa frase è universalmente valida? L'affermazione vale per ogni essere umano?
- E io, questa affermazione si applica davvero a me?
- Smetterei di credere che questa convinzione sia vera e quale sarebbe l'effetto?

Esaminiamo questo metodo con la frase di esempio del punto 1: "Se vuoi essere bella, devi soffrire".

- Questa frase è universalmente valida? L'affermazione vale per ogni essere umano?
  ⇨ No, perché si può certamente pensare a poche persone che sono naturalmente belle e non hanno dovuto soffrire per questo. Quindi questa affermazione non si applica in generale e a tutte le persone.
- E io, questa affermazione si applica davvero a me?
  ⇨ No, perché, da un lato, la bellezza è sempre negli occhi di chi guarda e, dall'altro, è improbabile che la sofferenza abbia un effetto positivo sul vostro aspetto. Il sorriso rende una persona molto più bella. Quindi anche questa affermazione è sbagliata.
- Se smettessi di credere che questa convinzione sia vera, quale sarebbe l'effetto?
  ⇨ Potreste accettare che è possibile essere naturalmente belli e quindi riconoscere che voi stessi siete naturalmente belli. Inoltre, non assocereste più la bellezza alla sofferenza. Quindi avrebbe effetti positivi se smettesse di crederci.

3) Trasformare il male in bene: le convinzioni rimaste sono particolarmente ostinate. Bisogna essere particolarmente abili

con loro. Prendete un secondo foglio di carta. Su questo foglio di carta, scrivete l'esatto contrario di tutte le credenze rimaste. Prima di scrivere, è importante pensare attentamente a come formulare la nuova dichiarazione. Non usate le negazioni, perché il vostro subconscio può cancellare la negazione e l'affermazione originale della credenza rimane. Quindi, ad esempio, se nella prima lista è rimasta la seguente frase: "Sono incapace", è sbagliato trasformarla nella seguente frase: "Non sono incapace". Perché il vostro subcorscio potrebbe semplicemente ignorare la piccola parola "non" e l'affermazione originale rimarrebbe. Pensate quindi a cosa potreste scrivere al suo posto. Una buona frase potrebbe essere: "Ho molti talenti e ci sono cose in cui sono bravo". Poi scrivete questa frase sul secondo foglio di carta. È molto importante che queste frasi vi sembrino vere, altrimenti questo metodo non funzionerà. Poi leggete ad alta voce le versioni positive delle vostre convinzioni, più e più volte, finché non vi sembrano giuste. Potete farne dei mantra regolari o mettere in giro per casa dei pezzetti di carta con le frasi.

4) Questo metodo si applica anche alle convinzioni molto ostinate di cui non siete riusciti a liberarvi attraverso le prime due fasi. Se il metodo di cui al punto 3 non funziona o se si desidera provare qualcosa di diverso, provare quanto segue: Vedere le restanti credenze per quello che sono: Credenze molto ostinate e fortemente interiorizzate che avete acquisito a un certo punto. Inconsciamente, potreste continuare a trovare argomenti che dimostrano le affermazioni negative delle frasi. Ci si concentra su fatti evitabili che dimostrano l'affermazione e quindi si interiorizza ulteriormente l'effetto negativo. Questo è probabilmente anche il motivo per cui il metodo del terzo passo non ha funzionato. Quindi bisogna

lavorare attivamente contro il proprio subconscio e andare alla ricerca di controargomentazioni. Se le domande della fase 3 non sono sufficienti, bisogna ricorrere a mezzi più duri. Nella vita di tutti i giorni, tenete sempre gli occhi aperti per individuare i fattori che contraddicono l'affermazione della credenza negativa. Cercate anche nel vostro passato le prove del contrario. Se nemmeno questo funziona, tutte le riflessioni teoriche probabilmente non serviranno e dovrete agire. Raccogliere le esperienze che dimostrano la versione positiva della convinzione.

5) L'ultimo metodo può essere utilizzato in qualsiasi momento in aggiunta agli altri. È molto semplice. Scrivete tutte le convinzioni negative di cui volete liberarvi su un foglio di carta a parte ed eseguite un rituale simbolico per liberarvi da esse. Ad esempio, strappate il foglio di carta o cancellate più volte ogni affermazione fino a quando non saranno più leggibili. Questo può essere molto liberatorio e liberarvi dalle emozioni represse che provate nei confronti di queste affermazioni.

IL CRITICO INTERIORE: COME METTERLO A TACERE

Mettere a tacere il critico interiore è un altro metodo per liberarsi dalle convinzioni negative. Poiché l'approccio è diverso rispetto ai metodi precedenti, viene spiegato separatamente. Prendetevi il tempo necessario per scoprire quale metodo funziona meglio per voi. Non fa male provare tutto una volta.

Con questo metodo, si visualizza la parte del subconscio in cui sono immagazzinate le credenze negative come un critico interiore. È la voce interiore che continua a ripetervi queste frasi e vuole impedirvi di fare cose che contraddicono questi presupposti. È la personificazione dei vostri pensieri negativi e delle cose che non vi piacciono di voi stessi. Ti dà regole e limiti e vuole costringerti a seguirli. Riduce la fiducia in se stessi e peggiora l'immagine di sé, impedendo di vivere una vita felice e di successo. È inutile ignorarlo, probabilmente parlerà ancora più forte con voi. Dovete fare i conti con lui. Pensate a lui come a qualcuno che appare come una vostra voce interiore, ma che in realtà è creato dalle voci di altre persone. Ed è così che dovreste giudicare la sua opinione. Anche quello che dicono gli altri può essere sbagliato o detto per motivi sbagliati e se il critico interiore è fatto solo di voci altrui, allora le sue affermazioni possono essere altrettanto sbagliate. Inoltre, non bisogna mai cercare di accontentare tutti. A parte il fatto che questo non è possibile, alla fine solo voi sapete cosa è meglio per voi. Immaginando i pensieri pessimistici come la voce del critico interiore, ci si permette di mettere in discussione queste affermazioni. Quando il critico interiore vi dice: "Non ce la farai mai!", potete vedere questo punto di vista come qualcosa che deve essere dimostrato o smentito. Non è ancora una realtà. Quindi, quello che ne ricavate è questo: "In questo momento sento di non poterlo fare". In questo modo chiarite a voi stessi che si tratta solo di una sensazione e che potete anche sbagliarvi. Se il critico interiore è particolarmente insistente con certe affermazioni, potete anche argomentare attivamente contro le sue affermazioni, portandolo così sotto il vostro controllo. Se dimostrate che si sbaglia, allora il suo discorso non ha più alcun potere su di voi e vi siete liberati della convinzione negativa.

Uscire dal ruolo di vittima: sette consigli per liberarsi dal ruolo di vittima

COSA SI INTENDE CON IL TERMINE "VITTIMISMO"?

Le persone che assumono il ruolo di vittima, come suggerisce il termine, si mettono in scena come vittime, sempre e in ogni situazione. Allontanano la responsabilità da se stessi e, quando si pone il problema di un colpevole, rifiutano la colpa e magari la additano ad altri. Spesso hanno l'atteggiamento di pensare che il mondo cospiri comunque contro di loro e che quindi possano accadere solo cose negative. Spesso si sentono ignorati dagli altri e desiderano più attenzione e maggiore partecipazione alle decisioni e alle conversazioni. Spesso emerge anche la sensazione di essere trattati ingiustamente. Il ruolo di vittima è problematico perché porta inevitabilmente a una costante insoddisfazione. La fuga nel ruolo di vittima può essere talmente integrata nel vostro comportamento quotidiano che non vi accorgete nemmeno di assumerla. Pertanto, assicuratevi di leggere con attenzione le sezioni che seguono e di verificare la presenza di tali comportamenti nel vostro comportamento. Se notate che state diventando una vittima, non date la colpa a voi stessi. Non siate arrabbiati o tristi per questo, perché il vostro obiettivo è vivere una vita migliore e questa consapevolezza vi darà un punto di partenza su come lavorare per raggiungerlo. Concentratevi invece sull'uscita dal ruolo di vittima e notate come la vostra vita migliori.

SETTE COMPORTAMENTI TIPICI CHE VI TENGONO INTRAPPOLATI NEL RUOLO DI VITTIMA

1) Tendete a essere perfezionisti. Forse vi state chiedendo cosa c'è di male nel voler fare tutto alla perfezione? Naturalmente, non è sbagliato fare sempre del proprio meglio e porsi degli obiettivi. Ma il problema del perfezionismo è che il vostro meglio non sarà mai abbastanza e i vostri obiettivi saranno irraggiungibili. Questo, a lungo andare, vi rende inevitabilmente infelici e vi impedisce di essere orgogliosi dei vostri risultati. Alla fine vi dispererete delle vostre aspettative e quando vi stancherete di incolparvi perché sapete di aver fatto del vostro meglio, vi sembrerà di non avere altra scelta se non quella di vedervi come vittima delle circostanze e vi ritroverete nel ruolo di vittima.

2) Si generalizzano gli eventi negativi a tutta la vita. Alcune persone tendono a non vedere gli eventi negativi per quello che sono, ma a generalizzarli. Così, ad esempio, se inizia a piovere proprio quando si esce di casa, si pensa: "Certo, inizia sempre a piovere quando esco". Questo non solo rovina l'umore, ma rafforza anche la convinzione di essere vittima delle circostanze. Siate sicuri: l'universo non sta cospirando contro di voi. Torniamo all'esempio dell'acquazzone improvviso quando si esce di casa. Non potevi accorgerti prima delle nuvole grigie? O non è comunque aprile e il tempo sta impazzendo? C'è sicuramente una spiegazione più plausibile per l'improvviso cambiamento del tempo che non il fatto che sia il vostro destino personale a essere piovuto quel giorno.

3) Qualcosa di simile alla generalizzazione del punto precedente è l'ipotesi generalmente pessimistica. Questo significa che tendete ad affrontare le situazioni con un presupposto

preconcetto nella vostra mente. Ad esempio, se siete convinti che la lezione che state per tenere sarà un disastro, lavorate inconsciamente per dimostrare che questa ipotesi è vera. Vi costa allora una forza supplementare per dominare la situazione e convincervi del contrario.

4) Ci si concentra sui propri errori. Se vi concentrate sempre sui vostri punti deboli, rischiate di perdere di vista i vostri punti di forza. Se non riuscite a vedere i vostri punti di forza, avrete difficoltà ad assumervi le vostre responsabilità. Il problema è che in questo modo è facile che diventiate una vittima, perché ufficialmente non siete voi a comandare. Lei è migliore di così, questo è certo. Avete sicuramente dei punti di forza che potete sfruttare e non dovete lasciare che siano gli altri a dettare la vostra vita.

5) Si parte sempre dal presupposto che si verifichi il caso peggiore. Esiste il fenomeno della profezia che si autoavvera. Se si ipotizza sempre il peggio, la probabilità che le cose si sviluppino in quella direzione aumenta perché inconsciamente le si indirizza in quella direzione. Se si vede il mondo in generale come un brutto posto in cui il caso peggiore si verifica sempre e comunque, significa che non si può influenzare il modo in cui una situazione si trasforma. Dovete essere consapevoli del fatto che con questi pensieri potete davvero indirizzare involontariamente le cose in questa direzione. D'altra parte, potete anche influenzarli positivamente.

6) Avete difficoltà a perdonare gli altri. Qualcuno vi ha fatto un torto molto tempo fa e siete ancora arrabbiati per questo? È possibile che vi siate abituati a essere una vittima in questa situazione, tanto che in genere vi è difficile abbandonarla di nuovo. Siate consapevoli che state facendo del male solo a

morale. Poiché il ruolo di vittima rende infelici a lungo andare, si rischia di finire in un circolo vizioso. Ci sono modi migliori per ottenere l'affetto degli altri che hanno un effetto positivo su di voi e su chi vi circonda.

4) Avete problemi di fiducia in voi stessi. Quest'ultimo punto, il più importante, di solito fa parte degli altri motivi per cui ci si pone nel ruolo di vittima. È anche il motivo per cui al ruolo di vittima è stato dedicato un intero capitolo in questo libro, perché alla fine si riduce quasi sempre al fatto che chi cerca sempre sicurezza nel ruolo di vittima ha troppa poca fiducia in se stesso. Questo può manifestarsi in due modi apparentemente contraddittori. O avete troppa paura di assumervi le vostre responsabilità perché non vi fidate di voi stessi e non riuscite a fare nulla di buono, oppure la vostra scarsa fiducia in voi stessi si manifesta esattamente nel modo opposto. Come già sapete, il comportamento narcisistico può anche essere indice di scarsa autostima. Di conseguenza, un atteggiamento che sembra mettervi al di sopra degli altri e per questo li incolpa e vi pone nel ruolo di vittima indica anche una radicata insicurezza.

Prima di passare al modo in cui potete finalmente liberarvi dal ruolo di vittima, ecco un suggerimento importante: il fatto di abbandonare il ruolo di vittima e di smettere di addossare tutte le responsabilità agli altri non significa che dobbiate invece prendervi tutte le colpe. Questo vi farebbe chiudere con la vostra felicità e vi riporterebbe in un ruolo di vittima. Non si risolve il vero problema facendo di se stessi il capro espiatorio, ma lo si sposta semplicemente da un'altra parte. Il vostro obiettivo è quello di lavorare su una sana fiducia in voi stessi e quindi di essere in grado di vivere una vita felice, e questo è ciò per cui state lavorando. Anche se altre

soluzioni sembrano spesso molto più facili, non sono necessariamente la strada giusta.

SETTE PASSI PER LIBERARSI DAL VITTIMISMO

1) **Basta con il perfezionismo!** Porsi determinati obiettivi e
   avere delle esigenze nei confronti di se stessi è importante e
   giusto. Ma dovete essere clementi con voi stessi quando
   scegliete i vostri obiettivi e rimanere realistici. Non è raro
   che il perfezionismo porti a procrastinare, cioè a rimandare
   i compiti invece di affrontarli. Questo perché siete
   consapevoli delle vostre enormi esigenze, che possono rendere insormontabile anche un compito in realtà facile. Forse
   conoscete una di quelle persone che fanno le cose senza
   pensarci troppo. Certo, a volte le cose vanno male, ma alla
   fine si impara e si fa meglio la volta successiva. Non fa male
   provare qualcosa, anche se c'è il rischio di fallire. Dopotutto,
   questo succede a tutti ogni tanto e fa parte di ogni processo
   di apprendimento.

2) **Mettetevi per una volta in una prospettiva diversa**. Un cambio di prospettiva è spesso uno strumento utile quando si
   tratta di affrontare se stessi. Guardare la situazione dal
   punto di vista di una terza persona non coinvolta aiuta a valutare la situazione senza emozioni.

3) **Non confrontatevi con gli altri**. Ogni persona è diversa.
   Ognuno ha prerequisiti e possibilità diverse. Ecco perché non
   ha senso confrontarsi con gli altri. Un'altra cosa da evitare
   assolutamente è il confronto con gli altri. Ci sarà sempre
   qualcuno che potrà fare qualcosa di meglio, più velocemente
   o in modo più bello. Ma questo non deve interessarvi, perché il vostro metro di misura non è quest'altra persona. Il

vostro metro di misura siete solo voi, niente e nessun altro. Può accadere, ad esempio, che un personaggio pubblico ritrovi il suo fisico da bikini sei mesi dopo una gravidanza. Ma questa persona ha anche un personal trainer e probabilmente anche un cuoco personale. Se si guarda con attenzione, ci sono sempre ragioni per il presunto successo di altre persone. In ogni caso, è chiaro che solo voi vivete la vostra vita con le vostre sfide e circostanze personali. Pertanto, paragonarsi ad altre persone e ai loro successi non solo è del tutto sproporzionato, ma addirittura dannoso. Guardate i vostri risultati e siatene orgogliosi.

4) **Considerate gli errori come qualcosa di positivo**. Gli errori non sono negativi, anzi possono essere positivi. Dipende dal vostro atteggiamento interiore. Se siete consapevoli di un errore, allora sapete da dove iniziare a migliorare. Avete appena letto che il perfezionismo non è un obiettivo da perseguire. Quindi non c'è niente di male a non essere perfetti e se notate qualcosa che volete migliorare, avrete l'opportunità di farlo.

5) **Pensate non solo al caso peggiore, ma anche a quello migliore**. Sapete già che non dovete concentrarvi sul caso peggiore. Ciò non significa che non si debba essere consapevoli delle conseguenze peggiori di un'azione. Naturalmente è importante pensare alle possibili conseguenze. Tuttavia, non bisogna pensare solo alle conseguenze peggiori, ma anche a quelle migliori. Se si sa cosa può accadere nel migliore dei casi, anche questo può essere una motivazione. Tuttavia, rimanete realistici e non rimanete delusi se il caso migliore non si verifica.

6) **Accettate i fattori che non potete realmente influenzare,** distinguendo tra fattori esterni che potete influenzare e fattori interni che non potete influenzare. Così potrete concentrarvi sulle cose che potete influenzare. Ci sono cose che non si possono controllare, per quanto lo si voglia fare. Se riconoscete quali cose appartengono a questa categoria, non dovete più arrabbiarvi per esse. Non vale la pena sprecare tempo ed energie per queste cose. Invece, potete concentrarvi su ciò che è in vostro potere.

7) **Decidere di abbandonare il ruolo di vittima.** Ora che vi siete documentati sul vittimismo e sulle sue cause ed effetti, vi sarà più facile prendere questa decisione. Rendetevi conto che non vi renderà mai felici e che siete molto più bravi di così e vivete di conseguenza. Solo se lo si vuole veramente, si può raggiungere questo obiettivo. Può darsi che essere una vittima abbia alcuni vantaggi, soprattutto la comodità di non doversi preoccupare del senso di colpa perché non si è mai responsabili, ma questo non significa che ci renda più felici. Al contrario, avrete ormai capito che gli svantaggi superano e hanno conseguenze molto più gravi degli apparenti vantaggi di essere una vittima. Prendetelo a cuore e scegliete di vivere una vita felice e autodeterminata.

30 esercizi per una forte fiducia in se stessi

Siete ben informati sull'argomento di questo libro "Rafforzare la fiducia in se stessi". Sapete perché non avete ancora sviluppato un forte senso di fiducia in voi stessi e come potete scoprirlo. Conoscete anche i diversi modi in cui tale insicurezza può manifestarsi e come potete affrontarla per contrastarla. Per non esaurire rapidamente gli esercizi, in questo capitolo troverete altri 30 metodi da utilizzare per raggiungere il vostro obiettivo. Da un inizio motivato a una buona notte di sonno, arriverete alla giornata forti. A seconda di quanto siete vicini a raggiungere l'obiettivo di costruire un forte senso di sé, potete scegliere tra esercizi per principianti, intermedi o avanzati. Siate aperti a provare tutto e a filtrare gli esercizi che vi sono particolarmente utili.

INIZIATE LA GIORNATA MOTIVATI CON QUESTI ESERCIZI

1) Muoversi: Questo esercizio può essere molto difficile, soprattutto per chi è mattiniero, ma se riuscite a iniziare la giornata con una piccola sessione di esercizi, noterete quanta energia in più avrete nel corso della giornata. Inoltre, inizierete la giornata con un senso di realizzazione, dando una spinta in più alla fiducia in voi stessi. Non preoccupatevi, non dovete dare il meglio di voi stessi. Pochi minuti di stretching o una breve corsa intorno all'isolato sono assolutamente sufficienti per ottenere l'effetto desiderato.

2) Fresco di giornata: dopo la sessione di esercizi, fatevi una doccia. Questo vi farà sentire freschi e puliti. Sentirsi bene nella propria pelle è una grande spinta alla fiducia in se stessi e un aspetto curato vi farà sicuramente sentire bene con voi stessi. La doccia è anche una forma di cura di sé, che segnala a voi stessi che il vostro benessere fisico è importante per voi. Inconsciamente, si memorizza questo segnale e si interiorizza l'idea che vale la pena fare qualcosa di buono per se stessi.

3) Indossate abiti in cui vi sentite a vostro agio. Spesso indossiamo certi abiti solo perché sono alla moda e abbiamo paura di sentirci a disagio se ci facciamo notare troppo in abiti eleganti. Il fatto è che se non si assomiglia a tutti gli altri, è più probabile ricevere complimenti. È anche importante che vi sentiate a vostro agio nei vostri abiti. Non importa cosa pensano gli altri.

4) Concedetevi una buona colazione. La colazione è la base per l'intera giornata. Una colazione ben bilanciata fornisce l'en-

ergia necessaria per affrontare le sfide della giornata. Fornire al vostro corpo nutrienti ricchi come prima cosa al mattino vi metterà di buon umore e vi darà più energia. I prodotti integrali, come la farina d'avena o il pane integrale, sono ottimi per la prima colazione. La frutta fornisce importanti vitamine. Non fate mai l'errore di saltare la colazione. Questo ha un effetto negativo sull'intera giornata. Non solo avrete meno energia a disposizione, ma sarete anche di umore peggiore.

5) Uscire di casa per tempo: molte persone commettono l'errore di pianificare sempre troppo poco tempo al mattino e di conseguenza vanno sempre di fretta. Dovete evitarlo a tutti i costi, perché questo stress si ripercuote sul resto della giornata. Pianificate un quarto d'ora in più e prendetevi il tempo necessario per andare al lavoro. Potete semplificare i vostri impegni assicurandovi di andare a letto per tempo la sera, perché così sarà più facile alzarsi dal letto la mattina.

SUPERARE LA GIORNATA CON QUESTI ESERCIZI

1) Concentratevi sugli aspetti positivi. Non lo si ripeterà mai abbastanza. Sembra così semplice, eppure molte persone non riescono a concentrarsi sugli aspetti positivi. Ogni volta che vi capita qualcosa di bello, cercate di essere consapevoli di come vi fa sentire. Godetevi la gioia e date ai momenti belli un posto importante nella vostra vita. Non fate l'errore di dare la positività per scontata o, peggio, immeritata.

2) Evitare le conversazioni negative. Per aiutarvi a concentrarvi sugli aspetti positivi, evitate i fattori negativi non necessari. Tutti hanno un collega che si lamenta in continuazione del lavoro e del capo. Questo può essere piuttosto deprimente e impedisce non solo di lavorare, ma anche di godersi il lavoro. Naturalmente, è meglio evitare del tutto queste conversazioni. Purtroppo questo non è sempre possibile, quindi si può consapevolmente indirizzare la conversazione su altri argomenti. Se il collega non reagisce, dovete spiegargli, ovviamente in modo amichevole, che preferite parlare di altre cose e insistere su questo punto.

3) Rafforzate la fiducia in voi stessi rafforzando il vostro corpo. Forse conoscete il detto "Corpo sano, mente sana". C'è molto di vero in questo. L'esercizio fisico regolare migliorerà la vostra forma fisica e vi farà sentire meglio con voi stessi. È stato dimostrato che l'esercizio fisico ha anche un effetto positivo sull'umore generale, che a sua volta rende più facile vedere le cose positive di sé e della propria vita. Non preoccupatevi, se non siete grandi appassionati di sport, non dovete diventare improvvisamente un atleta competitivo per avere una sana autostima. Scegliete uno sport adatto a voi e che vi piaccia.

4) Gli obiettivi quotidiani creano un senso di realizzazione. Gli obiettivi irraggiungibili causano solo frustrazione e sensazione di fallimento. Potete rimediare a questo problema ponendovi dei piccoli obiettivi quotidiani che potete facilmente raggiungere. Ad esempio, ponetevi l'obiettivo di pulire la lavastoviglie o di fare il bucato prima di cena. Queste faccende andrebbero fatte comunque, ma se vi impegnate consapevolmente a farle, proverete un senso di realizzazione e avrete motivo di essere orgogliosi di voi stessi.

5) Smettere di rimuginare. Rimuginare ti fa sempre sentire male alla fine. Se vi accorgete che i vostri pensieri riguardano sempre la stessa cosa e non riuscite a giungere a una conclusione, è il momento di tirare le somme e passare ad altro. La maggior parte delle volte ruminiamo durante le ore di silenzio, quando non siamo impegnati in altre cose. Trovarsi improvvisamente in una sorta di vuoto che non può essere colmato da compiti importanti da svolgere è spesso la causa scatenante di pensieri negativi. Potete ovviare a questo problema, ad esempio, trovando attività ricreative che vi diano gioia e che facciano emergere i vostri talenti. Quando scegliete i vostri hobby, non guardate se sembrano produttivi in qualche modo. Sebbene sia conveniente avere un hobby che vi aiuti nel vostro lavoro, questo non dovrebbe essere un criterio di scelta degli hobby.

ANDARE A LETTO CON PENSIERI POSITIVI GRAZIE A QUESTI ESERCIZI

1) Creare un'atmosfera di benessere. Assicuratevi che la vostra camera da letto sia un luogo in cui vi sentite davvero a vostro agio. Rifate il letto ogni mattina per potervi accoccolare in

un letto ben fatto la sera. Anche un'illuminazione piacevole è essenziale per creare un'atmosfera piacevole. Procuratevi una lampada da comodino con una luce calda. Se volete, potete anche accendere un bastoncino di incenso di tanto in tanto, ma questo non è adatto a tutti. Se vi piace il caldo, non c'è nulla di male nel prendere una coperta in più o portare a letto una borsa dell'acqua calda. Anche il pigiama deve essere piacevole e di vostro gradimento. Potreste anche mettere della musica piacevole. L'importante è che vi sentiate a vostro agio.

2) Lasciate che la giornata si concluda in modo rilassato. Prima di andare a letto, prendetevi qualche minuto solo per voi stessi. Non è bene buttarsi a letto nel bel mezzo di una giornata stressante e poi cercare di dormire. I pensieri continueranno a girare in tondo e vi impediranno di dormire. Per le giornate particolarmente stressanti, si può preparare un bagno di schiuma caldo. Forse non è necessario ogni sera, ma fa molto bene. Profumi come la lavanda hanno un effetto calmante e contribuiscono al rilassamento. Esistono anche tisane che contengono lavanda, melissa o iperico e sono efficaci contro l'irrequietezza interiore. Potete anche scegliere un buon libro o un bel film per liberare la mente. Alcune persone meditano anche prima di andare a letto, allontanandosi così da qualsiasi stimolo esterno.

3) Ripercorrere la giornata. Se non riuscite a calmarvi, probabilmente dovete affrontare di nuovo la giornata passata. Se qualcosa vi ha particolarmente infastidito e avete bisogno di parlare, liberatevi prima di tutto di questi sentimenti negativi. Parlate con il vostro partner, chiamate un amico o confidatevi con il vostro diario. L'importante è che dopo ci si senta liberati. Se avete difficoltà a parlare delle vostre preoccupazioni e paure o delle cose che vi turbano, è ancora più

importante che impariate a farlo. Quando sarete in grado di farlo, noterete quanto vi sentirete meglio dopo. Ma non è finita qui, perché altrimenti la giornata rimarrà negativa nella vostra memoria. Ripercorrete completamente la giornata e rendetevi conto di ogni esperienza positiva. Siate grati per tutto ciò che di buono sperimentate e non giudicate i vostri sentimenti. In questo modo si va a letto con pensieri positivi.

4) Potreste anche essere creativi e scrivere sul vostro diario o disegnare qualcosa. Questi sono anche ottimi modi per calmarsi la sera. Non si tratta di creare un capolavoro, non dovete mostrare i vostri scritti o i vostri dipinti a nessuno se non volete. L'importante è che siate in equilibrio e che vi sentiate bene esprimendo la vostra creatività. Essere consapevoli che ognuno è diverso e si esprime in modo diverso nell'arte. Alcuni catturano i pensieri negativi su carta e sono in grado di elaborarli, altri enfatizzano i loro sentimenti positivi. Non giudicatevi, ma agite sempre in modo intuitivo mentre vi esprimete artisticamente.

5) Pianificare il futuro con fiducia. Le paure per il futuro non hanno mai fatto dormire nessuno in pace e probabilmente non hanno mai aiutato nessuno nella vita. Quando la sera volete pensare al futuro, pensate alle cose che non vedete l'ora di fare. Immaginate le belle esperienze che ancora vi aspettano. Anche se ci sono ostacoli nella vostra vita, non è il momento di pensarci prima di andare a letto. Invece, prendetevi del tempo durante la giornata e parlatene con qualcun altro. Quando scegliete qualcuno con cui parlare, assicuratevi di confidarvi con qualcuno che vi dia forza e vi apra prospettive positive per il futuro. La sera, quando andate a letto, i vostri pensieri dovrebbero essere occupati, se non altro, da queste prospettive positive.

TUTTI GLI INIZI SONO DIFFICILI: QUESTI ESERCIZI VI AIUTERANNO A INIZIARE.

1) Sorridere solleva l'umore: è dimostrato che il sorriso ha un effetto positivo sull'umore. Potete sfruttare questa situazione a vostro vantaggio e sorridere consapevolmente per migliorare il vostro umore. Può sembrare un po' strano e forzato sorridere quando non se ne ha motivo, ma ha un effetto positivo sul corpo e sul subconscio. Naturalmente, è ancora meglio se si riesce a strappare un sorriso genuino ricordando un'esperienza simpatica o divertente.

2) Smettere di criticare se stessi. Se non avete fiducia in voi stessi, siete sicuramente molto bravi a criticarvi. Cercate di non essere troppo duri con voi stessi e, per una volta, smettete di cercare sempre quello che non va in voi. Fermatevi immediatamente se vi sorprendete a fare questi pensieri e obbligatevi a farvi un complimento per compensare. È importante che il complimento sia sincero, perché solo così il vostro subconscio lo memorizzerà. Nel peggiore dei casi, costringersi a fare un complimento insincero a se stessi può avere un effetto negativo. Alla fine, si sa che si sta mentendo a se stessi e può capitare di immagazzinare un'immagine negativa di sé. Naturalmente, bisogna evitarlo a tutti i costi. Troverete sicuramente un numero sufficiente di complimenti che vi faranno davvero piacere. Se non è così, avete un buon punto di partenza su cui lavorare.

3) Perché invece di rimproverarvi continuamente per i vostri errori, dovreste cercare le cose che amate di voi stessi e che rafforzano il vostro amor proprio. Può essere molto faticoso, soprattutto se si soffre di mancanza di fiducia in se stessi, ma ne vale sicuramente la pena. Soprattutto se avete difficoltà ad amare voi stessi, dovete assolutamente riflettere su

questo aspetto, anche per poter realizzare il punto seguente.

4) Fate un elenco di complimenti a voi stessi. Prendete un foglio di carta e una penna e scrivete cinque cose che vi piacciono di voi stessi. Mettete questa nota sul comodino e leggetela la mattina quando vi alzate e la sera prima di andare a letto. Questo vi ricorderà le vostre qualità positive e che potete complimentarvi con voi stessi. È meglio leggere la nota ad alta voce, perché pronunciarla ad alta voce aiuta a interiorizzare ancora meglio le affermazioni. Gli studenti più esperti possono anche mettersi davanti a uno specchio.

5) Parlate. All'inizio potrebbe essere difficile affermarsi e pretendere qualcosa dagli altri. Pertanto, iniziate a fare uno sforzo generale per parlare ad alta voce e in modo chiaro. Le persone devono essere abituate a sentire quello che dite e non dovete renderglielo più difficile sussurrando. Se vi risulta particolarmente difficile, potete iniziare a esercitarvi con le persone che vi sono particolarmente vicine, come il vostro partner o la vostra famiglia. Chiedete loro di farvi notare quando la vostra voce si affievolisce di nuovo.

CONTINUIAMO CON ESERCIZI UN PO' PIÙ DIFFICILI

1) Stabilire un contatto visivo. Questo è un segnale di fiducia in se stessi per le persone che vi circondano, che vi tratteranno di conseguenza. Inoltre, gli altri possono valutare molto meglio il vostro stato emotivo se li guardate negli occhi. Potete anche chiedere alle persone intorno a voi di sostenervi in questo esercizio. Chiedete loro di esercitarsi a stabilire un contatto visivo con voi, in modo da abituarvi. In seguito, sarà molto più facile stabilire un contatto visivo con gli estranei.

Perché non sedersi a tavola di fronte a un familiare o al proprio partner e guardarsi profondamente negli occhi? Chiedete al vostro interlocutore di indicarvi sempre quando interrompete il contatto visivo. Può essere utile sorridere e parlare di un argomento informale.

2) Uscire dallo sfondo: le persone che soffrono di bassa autostima tendono a mettersi in secondo piano e a nascondersi. Fate uno sforzo consapevole per mettervi in primo piano, ad esempio indossando un capo d'abbigliamento che attiri l'attenzione. Comprate un cappello colorato o una maglietta dai colori vivaci. Anche un'acconciatura insolita o un trucco speciale serviranno a questo scopo. È anche un buon modo per avviare una conversazione se qualcuno ve lo chiede. Inoltre, potete rafforzare la vostra autostima indossando abiti accattivanti. Naturalmente, è importante che l'indumento scelto piaccia davvero e che ci si senta a proprio agio.

3) Avvicinarsi agli estranei: Non importa quello che dite loro. Ad esempio, chiedete loro che ora è o come arrivare. Il vantaggio con gli estranei è che non ci si deve preoccupare dell'effetto che si ha su di loro a lungo termine e non è un male se a volte si vacilla all'inizio. Tanto non la rivedrete mai più, quindi che diamine! Pensate quindi ad alcune domande innocue che potete facilmente porre agli sconosciuti quando li incontrate per la prima volta. Se non siete ancora sicuri di essere in grado di gestire questo esercizio, potete anche semplificarvi un po' la vita e rivolgervi a qualcuno che ha il compito di fornire informazioni su determinate domande. Ad esempio, la maggior parte delle stazioni ferroviarie dispone di un banco informazioni. Basta chiedere al responsabile di un collegamento ferroviario. Non dovete pre-

occuparvi che la vostra richiesta possa sembrare inappropriata, perché è il loro lavoro rispondere a tali domande. Potete anche sedervi al ristorante e fare una domanda aggiuntiva al momento dell'ordinazione. Ad esempio, chiedete se potete avere patate fritte invece di patatine. L'importante è ricordare che non c'è nulla di male nell'avvicinarsi e parlare con gli sconosciuti.

4) Fare complimenti. Se avete difficoltà ad avvicinarvi alle persone, provate a essere amichevoli. Dite a qualcuno qualcosa che vi piace di lui e avrete un buon modo per iniziare una conversazione positiva, perché sarà felice e comprensivo. È anche più probabile che le persone vedano le qualità positive degli altri quando parlano con gentilezza dei loro simili. Inconsciamente, questa sensazione positiva viene trasferita a voi e la vostra controparte associa a voi i buoni sentimenti che avete suscitato in lui o in lei.

5) Conversare con se stessi. Questo può sembrare un po' insolito all'inizio e sicuramente vi sembrerà strano, ma è un modo collaudato per dire le cose ad alta voce. Le parole diventano azioni più rapidamente dei semplici pensieri. Inoltre, è possibile riflettere molto meglio i pensieri quando li si forma in frasi vere e proprie e li si dice ad alta voce. Inoltre, le parole pronunciate sono più facili da controllare e si può capire quando qualcosa non va. Quindi superate voi stessi e parlate con voi stessi ogni tanto delle prossime sfide. Potrebbe essere così: "Ho una sfida speciale davanti a me. Oggi devo tenere un discorso importante e mi spaventa. È normale che la situazione mi renda nervoso, ma so che sarò in grado di farlo". Assicuratevi che le vostre frasi siano ben intenzionate e ponderate e che non vi influenzino negativamente o vi scoraggino.

INFINE, ALCUNI ESERCIZI PER I PROFESSIONISTI

1) Definite i vostri confini e difendeteli. All'inizio sarà probabilmente difficile e poco familiare. Potreste anche incontrare delle resistenze da parte di chi vi circonda, perché ad alcuni piace approfittarsi delle persone timide, ma è bene essere forti e farsi valere. Non ha senso dire "sì" a tutto quando in realtà si vorrebbe dire "no". Se notate che intorno a voi c'è qualcuno che vi chiede continuamente favori e si approfitta di voi, è ancora più importante mostrare finalmente forza verso questa persona. Non vale la pena sacrificarsi per qualcuno che sembra apprezzarvi solo per i favori che gli fate. Con la maggior parte delle altre persone, invece, vedrete che risponderanno positivamente alla vostra nuova comunicazione, perché le state mettendo in condizione di rispondervi e di tenere conto delle vostre esigenze. Noterete che non vogliono intenzionalmente ferirvi o oltrepassare i vostri limiti, ma che il più delle volte semplicemente non sanno che il loro comportamento vi offende.

2) Esigere cose dagli altri. Come ho detto, è possibile che da tempo cerchiate di accontentare tutti. Ora è tutto finito. Se avete un bisogno, dovete esprimerlo. Un esempio semplice è la finestra aperta. Qualcun altro voleva prendere aria e ha aperto la finestra qualche minuto fa. Vi state raffreddando, ma non osate chiedere all'altra persona di chiuderla di nuovo. Se siete arrivati agli esercizi per professionisti, questa è l'occasione perfetta per pretendere qualcosa da un'altra persona. Non si tratta solo di difendere i propri confini, come nel punto precedente, ma anche di imparare a esigere di tanto in tanto un certo comportamento dagli altri. Naturalmente, bisogna sempre essere educati, perché è quello che ci si aspetta se qualcuno ci chiede di fare qualcosa.

3) Il terzo esercizio è un metodo che vi aiuterà anche a svolgere gli esercizi uno e due per professionisti. Stabilite delle condizioni per voi stessi. Pensate a quali situazioni vi capitano spesso e vi disturbano. Qual è esattamente il fattore che la infastidisce? È lo sguardo laterale arrogante che a volte vi rivolge il vostro collega? Una certa persona vi interrompe continuamente mentre state parlando? Pensate a quale reazione vorreste mostrare da parte vostra. La condizione che ora ponete a voi stessi è quella di reagire a queste situazioni ripetitive nel modo che desiderate. Se il collega vi guarda di nuovo in modo arrogante, drizzate la schiena e ricambiate lo sguardo con fermezza. Se una persona vi interrompe ripetutamente, chiedete di finire e terminate la vostra frase.

4) Mettetevi alla prova con piccole sfide. Le sfide che vi fanno fare qualcosa di buono per il vostro corpo miglioreranno il vostro benessere fisico e mentale. Stabilite un periodo di tempo specifico, ad esempio sette giorni, 14 giorni o 30 giorni, a seconda di quanto sia difficile la sfida per voi. Durante questo periodo, ad esempio, astenetevi dall'alcol o bevete almeno due litri d'acqua al giorno. Fate 10 minuti di esercizio fisico ogni giorno o contattate un amico ogni giorno e chiedetegli come sta. Un senso di realizzazione attraverso queste sfide è ottimo per la fiducia in se stessi.

5) Uscire dalla propria zona di comfort. Questo consiglio è da intendersi in senso letterale. Fate un viaggio in una città straniera e date un'occhiata in giro. Andare in luoghi sconosciuti amplia gli orizzonti e aiuta a liberarsi di schemi comportamentali indesiderati. Potrete anche incontrare qualcuno di nuovo e conoscere un'altra cerchia di amici. Questo non significa che dovete abbandonare i vostri vecchi amici, ma che dovete fare nuove esperienze e rendervi conto che ci sono

sempre modi diversi di affrontare gli altri e le situazioni rispetto a quelli che già conoscete.

Attività da svolgere per avere più fiducia in se stessi e successo

Sia che pensiate di poterlo fare o di non poterlo fare, in entrambi i casi avete ragione.

(Henry Ford)

Spirito di questo saggio detto di Henry Ford, dovreste affrontare i seguenti punti. Alla fine, dipende da voi se siete in grado di gestire una situazione o meno, e il vostro atteggiamento interiore verso di essa gioca un ruolo decisivo. Se siete convinti fin dall'inizio di non poter gestire qualcosa, non solo dovrete risolvere il problema, ma anche agire contro le vostre stesse convinzioni per poterlo gestire. Se invece siete ottimisti e ritenete di avere le competenze necessarie per risolvere il problema, allora sarà molto più facile per voi avere successo.

Per quanto sia importante creare una mentalità positiva, è a- trettanto importante mettere in pratica i propri pensieri. Considerate questo elenco di cose da fare come una sfida con voi stessi e cercate di mettere in pratica ogni voce.

1) Come suggerisce la parola "autocoscienza", è essenziale essere consapevoli di sé. Conoscere meglio se stessi. Siate consapevoli delle vostre esigenze e dei vostri sentimenti. Cercate di accettarli come parte di voi. Ogni persona ha sentimenti e bisogni e accettarli significa anche fare spazio a se stessi e imparare ad amare. Per potersi comportare con sicurezza nella vita di tutti i giorni, è necessario aver riflettuto in precedenza su questi aspetti e aver interiorizzato

alcune convinzioni positive. L'impazienza non vi condurrà al vostro obiettivo, ma può addirittura essere dannosa, perché se iniziate certi esercizi troppo presto, qualcosa può rapidamente andare storto e nel peggiore dei casi dovrete ricominciare tutto da capo. Naturalmente, non è possibile cambiare l'intera immagine di sé da un giorno all'altro. Nessuno si aspetta questo da voi. Ma dovete essere pronti a riflettere su voi stessi, in modo che la nuova fiducia in voi stessi non sia solo una facciata, ma nasca davvero da dentro di voi.

2) Essere consapevoli di un sentimento o di un bisogno vi permette, nel passo successivo, di esprimerlo all'esterno a chi vi circonda. È importante che comunichiate voi stessi, perché solo in questo modo permetterete ai vostri simili di rispondervi. Sperimenterete che chi vi circonda vi sarà grato e in cambio si sentirà più sicuro nel trattare con voi. Tuttavia, questo dimostra già quanto sia importante pensarci prima. Potete influenzare solo voi stessi, i vostri pensieri e le vostre azioni. Può accadere e accadrà che qualcuno non sia pronto a rispondere o si comporti in qualche altro modo inappropriato nei confronti delle vostre espressioni emotive. Dovete essere preparati a questo, altrimenti un comportamento sbagliato inaspettato da parte di chi vi circonda può danneggiarvi e l'esercizio perde il suo scopo di migliorare la vostra autostima. Al contrario, le inibizioni ad aprirsi possono diventare ancora più forti. A cosa bisogna pensare in particolare prima di fare questo esercizio? Siate consapevoli che vi rendete vulnerabili esprimendo apertamente i vostri sentimenti e bisogni. In questo momento vi trovate in una condizione di particolare vulnerabilità, ma solo se non siete preparati mentalmente. Il solo fatto di essere consapevoli della vostra vulnerabilità vi protegge da possibili attacchi. Un

altro punto importante per voi è che dovete accettare in anticipo la possibilità di fallire. Riconoscere la possibilità di fallire come una cosa positiva, perché può migliorare. Una volta che si è consapevoli di questi aspetti, è il momento di iniziare a praticare e a far valere finalmente se stessi e le proprie esigenze.

3) È comprensibile che l'accettazione del proprio mondo interiore non sia così facile. Soprattutto, accettare le proprie debolezze come parte di sé è una sfida per molti che va affrontata passo dopo passo. Pertanto, iniziate dalle vostre qualità positive. Pensate a ciò che apprezzate in voi stessi. Nel farlo, sentitevi liberi di attingere ai vostri simili e lasciate che i vostri cari vi dicano perché fate parte della loro vita. Ricordate che anche cose apparentemente piccole, come la cura affidabile di una pianta d'appartamento, sono qualità degne di nota. Siamo pronti a nascondere sotto il tappeto cose così ovvie e a sottolineare invece i piccoli difetti più e più volte, il che significa che occupano sempre più spazio nell'immagine che abbiamo di noi stessi. Immaginate la vostra immagine di sé come una tela su cui disegnare un'immagine di voi stessi. Se date troppa importanza ai vostri errori, essi domineranno l'intero quadro come linee rosse. Se ci si mette di fronte alla tela e si guarda il quadro, si vedranno solo tratti rossi, perché il colore rosso non solo cattura immediatamente l'attenzione, ma è anche distribuito su tutta la tela. I piccoli punti verdi, che in questo esempio dovrebbero rappresentare le qualità positive che vedete in voi stessi, sono appena visibili. Fortunatamente, si usa un'ottima vernice opaca e si possono coprire i tratti rossi con molta vernice verde per creare un'immagine di sé molto più bella. Forse questa idea vi aiuterà quando vi accorgerete di

attribuirvi di nuovo una qualità negativa. Purtroppo l'attenzione per i difetti è qualcosa che abbiamo imparato fin da piccoli e di cui dobbiamo assolutamente liberarci. Ma potete essere certi che se guardate dentro di voi e mettete in evidenza ogni qualità positiva, per quanto piccola, la vostra immagine di sé si svilupperà in meglio.

4) Ora la vita non è sempre rose e fiori, ci sono anche giorni difficili. Vi sentite giù e non siete veramente soddisfatti di nulla. Per aiutarvi a ricordare ciò che amate di voi stessi in quei giorni, è una buona idea scrivere i vostri punti di forza e i vostri successi. Tenete un piccolo quaderno o una scatola di cartoncini e ogni volta che vi viene in mente una qualità positiva di voi stessi, scrivetela. In questo modo, si amplia sempre il repertorio di motivi per avere un'immagine positiva di sé. Nelle fasi di insicurezza, avete l'opportunità di esaminare i vostri appunti e di tornare alle cose positive di voi stessi. Naturalmente, ci sono alcune cose da tenere a mente. Le cose che scrivete devono essere vere per voi. Non scrivete in nessun caso frasi vuote che non hanno alcun significato per voi. Non dovete avere la sensazione di mentire a voi stessi quando scrivete qualcosa di positivo su di voi, altrimenti rischiate di interiorizzare questa sensazione. Lo scopo di questo esercizio non è quello di sviluppare la sensazione di dover mentire a se stessi per avere una buona opinione di sé. Pertanto, sentite profondamente dentro di voi. Solo quando un complimento sembra autentico è adatto alle vostre note. Naturalmente, non è necessario che il complimento sia sincero in ogni momento e in ogni stato emotivo. Tanto per cominciare, è sufficiente che siate d'accordo con essa nei vostri giorni migliori. Giorni in cui tutto sembra più facile e si è già di buon umore. I dubbi che vi assalgono in una giornata no fanno parte dell'esercizio. Sappiate che

sono proprio questi dubbi a farvi pensare che i complimenti non siano veri. Ma la verità è che nel profondo sapete che i dubbi sono falsi e che vi meritate tutte quelle parole gentili.

5) Scrivete alcune frasi che vi danno forza. Frasi come: "Va bene commettere errori". Oppure: "Nessuno può togliermi la fiducia in me stesso". La differenza con le note dell'esercizio precedente è che non si tratta di complimenti, ma di motivazioni. Non vi riferite a qualità positive che apprezzate di voi stessi, ma a modi di dire che vi danno forza e vi ispirano in qualche modo. Anche nel formulare le frasi motivazionali, è fondamentale che esse vi facciano sentire bene. Utilizzate solo frasi di cui siete veramente convinti, perché anche in questo caso vale quanto segue: se mentite a voi stessi, inviate un messaggio negativo a voi stessi, che inevitabilmente peggiora la vostra immagine di sé. Quindi fidatevi del vostro istinto nel formulare queste frasi e prendetevi il tempo necessario. Non utilizzate frasi che vi facciano sentire insicuri e non fissate obiettivi che non volete realmente raggiungere. Solo perché una frase comune è destinata a ispirare un'azione, non significa che sia giusta per voi. All'inizio potreste non sentirvi pronti a pensare a tali frasi motivazionali, quindi prendetene atto e continuate a lavorare sui vostri punti di forza. Il giorno in cui vi verrà in mente un detto motivazionale adatto arriverà sicuramente. Una volta trovati i detti giusti, interiorizzateli leggendoli regolarmente. Non dimenticate di ripeterli ad alta voce. È meglio guardarsi allo specchio e parlare con voce ferma e sicura.

Ecco alcuni esempi di frasi che possono motivarvi:

- Il destino non è nelle mani del caso, è nelle vostre mani, non dovete aspettarlo, dovete conquistarlo. (William Shakespeare)

- La gloria non sta nel non cadere mai, ma nel rialzarsi ogni volta che abbiamo fallito. (Confucio)
- La massima ricompensa per i nostri sforzi non è ciò che otteniamo in cambio, ma ciò che diventiamo grazie ad essi. (John Ruskin)
- Il coraggio è all'inizio dell'azione, la felicità alla fine. (Democrito)
- Se non si vuole qualcosa, si cercano dei motivi. Quando si vuole qualcosa, si cerca un modo (Rodney Isemann).
- Non si possono mai risolvere i problemi con lo stesso modo di pensare che li ha creati. (Albert Einstein)
- Quello che sono oggi è un'indicazione di ciò che ho imparato, ma non del mio potenziale. (Virginia Satir)
- Non posso dire se la situazione migliorerà, se diventerà diversa. Ma posso dire questo: deve diventare diverso se vuole diventare migliore. (Georg Christoph Lichtenberg)
- Libertà significa responsabilità. Questo è il motivo per cui la maggior parte delle persone ne ha paura. (George Bernard Shaw)
- La maggior parte delle persone pone la felicità come condizione. Ma la felicità si trova solo quando non si creano condizioni. (Arthur Rubinstein)
- Non dobbiamo avere paura di fallire, ma di riuscire in cose che non sono poi così importanti. (Francis Chan)
- Hai dei nemici? Bene, significa che ti sei battuto per qualcosa. (Winston Churchill)
- Le opportunità bussano alla vostra porta. Ma quando avrete spostato i bulloni, tolto la catena, disattivato l'allarme e sbloccato la serratura di sicurezza, saranno già lontani. (Rita Coolidge)

- Non cercate di fare troppe cose contemporaneamente. Sapere cosa si vuole, qual è la cosa più importante oggi e domani. Perseverate e portatelo a termine. (George Allen)
- Fate quello che potete con quello che avete, dove siete. (Theodore Roosevelt)

6) Davanti allo specchio, non solo potete pronunciare in faccia i vostri slogan motivazionali, ma potete anche lavorare su una postura sicura di sé. Questo è importante perché la postura esterna influisce anche sulla postura interna. Quindi, se state dritti e sicuri di voi stessi, questa postura si trasferirà anche al vostro interno e vi sentirete più forti e sicuri di voi stessi. Se appartenete al gruppo di persone che, a causa della scarsa fiducia in se stesse, si fanno sempre più piccole di quello che sono e hanno quindi sviluppato una postura piuttosto passiva, potete forse rimediare con la seguente immagine. Immaginate che la vostra testa sia attaccata a un filo, come una marionetta. Questa corda tira la testa verso l'alto e fa in modo che rimanga eretta. Se la cattiva postura è diventata da tempo un'abitudine, il semplice desiderio di migliorarla potrebbe non essere sufficiente. Ci sono anche fattori che contribuiscono al deterioramento della postura. Per esempio, se avete un lavoro d'ufficio e passate molto tempo seduti davanti al computer, questo può avere un effetto negativo sulla vostra postura. Naturalmente, lo stesso vale per altri lavori che richiedono di trascorrere regolarmente lunghi periodi di tempo seduti. In generale, anche la mancanza di esercizio fisico non fa bene a voi e al vostro corpo e dovrebbe essere evitata a tutti i costi. Se tutto questo è vero, non solo la vostra autostima trarrà beneficio dal miglioramento della postura, ma anche la vostra salute, perché una postura allentata causa l'inclinazione del bacino

in avanti e del busto all'indietro. Ciò causa la formazione di una schiena incavata, che può provocare dolori alla schiena. Questo effetto è accentuato dalle spalle cadenti e dalla pancia allentata, per non parlare dell'impatto visivo che una tale postura ha sulle persone che ci circondano. È possibile eliminare la schiena vuota tendendo leggermente i muscoli addominali e i glutei e tirando leggermente indietro le spalle. Questo ha un effetto benefico sul corpo, non solo sulle ossa e sui legamenti, ma anche sugli organi interni. È possibile ottenere il massimo effetto esercitando i gruppi muscolari interessati. Questa è una buona cosa da fare in ogni caso se volete aumentare la vostra fiducia in voi stessi, come leggerete nel prossimo passo.

7) Anche l'esercizio fisico è utile per una postura eretta e indispensabile per uno stile di vita sano. Assicuratevi quindi di fare abbastanza esercizio fisico. Se non fate ancora sport, iniziate con uno sport leggero. Dopo poco tempo noterete dei miglioramenti nella percezione del vostro corpo e questo vi aiuterà a sentirvi più sicuri di voi stessi. Inoltre, con il tempo diventerete più in forma e avrete un maggiore senso di realizzazione. Ricordate i gruppi muscolari della fase precedente che sono importanti per una postura eretta. Potreste anche dover scoprire quale sia lo sport più adatto a voi. È una buona occasione per mettere alla prova il proprio coraggio e provare qualcosa di nuovo. La maggior parte dei corsi di sport offre sessioni di prova gratuite, in modo che possiate provare diversi sport finché non ne trovate uno che vi piace. Per non rinunciare dopo il primo tentativo, è utile scegliere almeno un giorno fisso alla settimana da dedicare allo sport. In questo giorno si fa sempre qualche forma di sport e, se non si tratta di un corso, si possono anche fare esercizi di stretching a casa o fare una corsetta intorno all'isolato.

Naturalmente, anche l'alimentazione gioca un ruolo importante nella percezione del proprio corpo. Una dieta sana ed equilibrata non solo migliora il benessere fisico, ma ha anche un effetto sull'umore. Inoltre, quando limitate il consumo di alcol e tabacco o, meglio ancora, vi astenete del tutto, inviate un segnale positivo a voi stessi, perché questa cura di sé vi rafforza nella consapevolezza che vale la pena prendersi cura di sé.

8) Avvicinatevi a un estraneo. Il vostro obiettivo non è quello di avviare una conversazione profonda. Chiedete invece a un estraneo indicazioni stradali o l'ora del giorno. L'aspetto positivo di questo esercizio è che non importa se all'inizio sembrate un po' rigidi o se parlate troppo piano, perché non vedrete mai più lo sconosciuto. Tenetelo sempre a mente, perché vi renderà molto più facile avvicinare persone che non conoscete.

Conclusione

Letto molto sulla consapevolezza di sé. L'obiettivo era quello di capire cosa significhi effettivamente il termine "fiducia in se stessi". Avete imparato a conoscere le caratteristiche che contraddistinguono le persone sicure di sé e sapete anche quali sono gli errori e i malintesi che spesso si verificano. Avete anche imparato perché la fiducia in se stessi può essere così debole. Conoscere le origini di un problema è molto importante per poterlo risolvere. Questo libro vuole avere un effetto positivo, ed è per questo che si deve sempre leggere per cosa si sta effettivamente combattendo. Finalmente sapete come può essere la vita con una forte fiducia in voi stessi e quali nuove possibilità vi si apriranno. Se avete scoperto che anche voi avete bisogno di lavorare sulla vostra autostima, ora sapete come aiutarvi grazie ai numerosi metodi presentati.

Dai consigli generali per aumentare la fiducia in se stessi, allo sviluppo del vero amore per se stessi, alla lotta contro le proprie paure e alla costruzione della forza mentale. Avete imparato quanto sia importante assumersi le proprie responsabilità e perché non bisogna mai essere vittime. Utilizzando il modello PERMA, avete imparato cosa significa effettivamente felicità e come potete diventare felici voi stessi. Ora sapete anche quali effetti dannosi possono avere le credenze e come potete usarle in modo positivo. Abbiamo continuato con esercizi di autoconsapevolezza per tutto il giorno, dalla mattina alla sera, ed esercizi con diversi livelli di difficoltà che impediscono di sovraccaricarsi e allo stesso tempo permettono di svilupparsi sempre di più.

Questo libro ha scelto un tono motivante e propositivo per darvi il coraggio di provare i metodi spiegati. Speriamo che vi abbia dato il supporto necessario per raggiungere i vostri obiettivi. Siate consapevoli, tuttavia, che i profondi cambiamenti che dovrete apportare per rafforzare in modo duraturo la vostra autostima richiederanno tempo e che nessuno di essi potrà avvenire in un breve periodo di tempo. Le battute d'arresto fanno parte del vostro sviluppo e sono altrettanto importanti e produttive dei successi che sperimenterete nel tempo. Non scoraggiatevi se vi accorgete che non riuscite ancora a fare un esercizio o che non siete riusciti a liberarvi di certi pensieri. Nelle giornate no, visualizzate la vetta che volete scalare. Se avete in mente solo l'obiettivo più alto e bloccate tutti i piccoli successi che ottenete lungo il cammino, il percorso vi sembrerà insormontabile e perderete il coraggio. Funziona molto meglio se si procede passo dopo passo verso piccoli obiettivi e si può essere felici dei propri successi ancora e ancora. Allora le piccole battute d'arresto non sembrano più così gravi. Il solo fatto che abbiate trovato il coraggio e la volontà di affrontare questo argomento in modo così dettagliato dimostra che potete farlo.

Infine, vi do la seguente convinzione:

Siete più coraggiosi di quanto pensiate, più forti di quanto sembriate e più intelligenti di quanto crediate.

(Alan Alexander Milne)

Fonti

Bauer, Moritz (oJ): Superare le paure. (Come vincere ogni paura (una guida)). In: selbst-bewusstsein-staerken.net. URL: https://www.selbstbewusstsein-staerken.net/a-engste-ueberwinden/ [ultimo accesso 06.05.2021].

Bauer, Moritz (oJ): Assumersi la responsabilità. (Sei semplici consigli per una maggiore responsabilità personale). In: selbstbewusstsein-staerken.net. URL: https://www.selbstbewusstsein-staerken.net/verantwortung-uebernehmen/ [ultimo accesso 06.05.2021]

Bellon, Alex (oJ): Otto cose da fare per avere più fiducia in se stessi e successo In: flow-finder.de. URL: https://www.flowfinder.de/8-todos-fuer-mehr-selbstvertrauen/ [ultimo accesso 06.05.2021]

Bossmann, Ulrike (oJ): I cinque pilastri della felicità. (Come potete usare il modello PERMA per la vostra vita soddisfacente). In: soulsweet.de. URL: https://soulsweet.de/perma-modell-fuer-dein-glueck/ [ultimo accesso 06.05.2021].

Brunner, Lara (2021): Quattro esercizi di respirazione per il rilassamento. (Inspirare ed espirare: la giusta tecnica di respirazione può contribuire al rilassamento. Vi presentiamo quattro esercizi di respirazione che aiutano a combattere lo stress, il nervosismo e l'ansia). In: helsana.ch. URL: https://www.helsana.ch/de/blog/themen/gesundheitstipps/atemuebungen-zur-entspannung.html [ultimo accesso 06.05.2021].

Franke, Miijam (2020): Rafforzare la fiducia in se stessi: 20 consigli e tre esercizi. In: arbeits-abc.de. URL: https://arbeits-abc.de/selbstbewusstsein/ [ultimo accesso 06.05.2021].

Grube, Antje (oJ): Sciogliere le convinzioni. (Una guida in sei passi). In: selbstbewusstsein-staerken.net. URL: https://www.selbstbewusstsein-staerken.net/glaubens-saetze-aufloesen/ [ultimo accesso 06.05.2021].

Grube, Antje (oJ): Raus aus der Opferrolle. (Sette consigli per liberarsi dal ruolo di vittima). In: selbstbewusstsein-staerken.net. URL: https://www.selbstbewusstsein-staer-ken.net/opferrolle-ablegen/ [ultimo accesso 06.05.2021].

Heidenberger, Burkhard (oJ): Rafforzare la fiducia in se stessi - 10 esercizi. In: zeitblue-ten.com. URL: https://www.zeitblueten.com/news/selbstsicherheit-staerken/ [ultimo accesso 06.05.2021].

Landolt, Claudia (2019): "Herr Orth, come nasce il nostro Selbstwertgefühl?". In: fritzundfraenzi.ch. URL: https://www.fritzundfraenzi.ch/gesundheit/psychologie/entwicklungspsychologe-ulrich-orth-uber-die-entstehung-von-selbstwertgefuhl?page=all [ultimo accesso 06.05.2021].

Mahari, Aron (oJ): Rafforzare la fiducia in se stessi - 24 esercizi micidiali che funzionano immediatamente. (Volete aumentare la vostra fiducia in voi stessi? Vi infastidisce essere così timidi? Imparate 24 esercizi geniali per aumentare la vostra fiducia in voi stessi oggi). In: aronmahari.co.uk. URL: https://aronmahari.de/selbstvertrauen-staerken/ [ultimo accesso 06.05.2021].

May, Jochen (2021): Essere felici. (20 consigli per una maggiore felicità e gioia di vivere). In: karrierebibel.de. URL: https://karrierebibel.de/gluecklich-sein/ [ultimo accesso 06.05.2021].

May, Jochen (2021): Critico interiore. (Questo è il modo in cui lo fanno

Coda). In: karrierebibel.de. URL: https://karrierebibel.de/innerer-kritiker/ [ultimo accesso 06.05.2021].

May, Jochen (2020): Forza mentale. (13 segni che indicano che siete più forti della media). In: karrierebibel.de. URL: https://karrierebibel.de/mentale-staerke/ [ultimo accesso 06.05.2021].

May, Jochen (2019): Pessimismo. (Smettere di pensare negativamente). In: karrierebibel.de. URL: https://karrierebibel.de/pessimismus/ [ultimo accesso 06.05.2021].

May, Jochen (2020): L'ottimismo realistico è un ottimismo sano. In: karrierebibel.de. URL: https://karrierebibel.de/realistischer-optimismus/ [ultimo accesso 06.05.2021].

May, Jochen (2020): Allenare la fiducia in se stessi. (12 consigli ed esercizi). In: karrierebibel.de. URL: https://karrierebibel.de/selbstbewusstsein-selbstvertrauen/ [ultimo accesso 06.05.2021].

Pertl, Klaus (2015): Rafforzare il carattere - i 24 punti di forza del carattere. (Il carattere è misurabile? Si può promuovere il carattere? Alcuni lo pensano. Qui, soprattutto i rappresentanti della psicologia positiva. Qui i ricercatori hanno scoperto 24 punti di forza caratteriali che aiutano a condurre una vita felice, di successo e ricca di significato). In: klauspertl.com. URL: https://klauspertl.com/charakter-staerken/ [ultimo accesso 06.05.2021]

Rassek, Anja (2020): Modello PERMA. (Come raggiungere una vita più soddisfacente). In: karrierebibel.de. URL: https://karrierebibel.de/perma-modell/ [ultimo accesso 06.05.2021].

FONTI | 95

Schulze, Tilman (2021): Amare se stessi. (Come l'amore per se stessi rende la vita più facile). In: karrierebibel.de. URL: https://karrierebibel.de/liebe-dich-selbst/ [ultimo accesso 06.05.2021].

Warkentin, Nils (2020): Glücksformel. (Felice secondo le istruzioni?). In: karrierebibel.de. URL: https://karrierebibel.de/gluecksformel/ [ultimo accesso 06.05.2021].

Warkentin, Nils (2020): Imparare l'amore per se stessi. (Significato, esercizi, suggerimenti). In: karrierebibel.de. URL: https://karrierebibel.de/selbstliebe-lernen/ [ultimo accesso 06.05.2021].

Impronta:

Aumentare la fiducia in se stessi - Diventare un'aquila e raggiungere il successo nella vita professionale e privata. Vincere i dubbi e i complessi, trasformarsi in una personalità felice.

© Copyright 2022 patricia sommer

M. Mittelstädt, Sherif Khimshiashvili Street N 47 A, Batumi 6010, Georgia

All Rights Reserved.

CPSIA information can be obtained
at www.ICGtesting.com
Printed in the USA
BVHW030010250722
642920BV00010B/324